高职高专经济管理类理论与实践
结合型系列教材·电子商务专业

U0641909

网店多平台
运营与推广

主 编 ◎ 朱才彬 刘 涛 钟一杰
副主编 ◎ 孙天慧 任琳琳

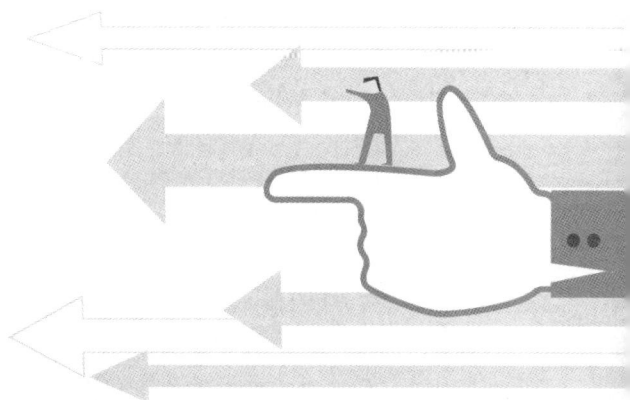

华中科技大学出版社
http://press.hust.edu.cn
中国·武汉

内容简介

在数字化浪潮的推动下，全球经济正经历着前所未有的变革，数字经济已成为推动经济增长的新引擎。在这样的大背景下，电子商务作为数字经济的重要组成部分，其影响力和发展潜力日益凸显。

随着电商平台的多样化和消费者购物习惯的转变，网店运营与推广已成为电商领域的关键技能。本书旨在为高职院校的电子商务类专业学生提供一个全面的学习平台，帮助他们理解和掌握网店运营与推广的核心知识与技能。本书全面解析了网店在多个电商平台上的运营与推广策略，涵盖了从网店开设、网店选品与商品发布、网店装修，到各平台推广引流及物流与客服管理等多个方面，旨在为高职院校电子商务类专业学生和电商从业者提供一本系统、实用的教材，帮助他们快速掌握网店运营的各个方面。

图书在版编目（CIP）数据

网店多平台运营与推广 / 朱才彬，刘涛，钟一杰主编． -- 武汉：华中科技大学出版社，2025.5. -- ISBN 978-7-5772-1707-9

Ⅰ．F713.365.2

中国国家版本馆 CIP 数据核字第 20255L3K39 号

网店多平台运营与推广
Wangdian Duopingtai Yunying yu Tuiguang

朱才彬　刘　涛　钟一杰　主编

策划编辑：聂亚文

责任编辑：张梦舒

封面设计：孢　子

责任监印：曾　婷

出版发行：华中科技大学出版社（中国·武汉）　　　电话：（027）81321913
　　　　　武汉市东湖新技术开发区华工科技园　　　　邮编：430223

录　　排：武汉创易图文工作室

印　　刷：武汉科源印刷设计有限公司

开　　本：787 mm×1092 mm　1/16

印　　张：10.5

字　　数：246 千字

版　　次：2025 年 5 月第 1 版第 1 次印刷

定　　价：45.00 元

前　言

中国电子商务市场在国家政策的积极推动下，继续展现出强劲的增长势头。以直播和短视频为代表的新兴电商形式如雨后春笋般涌现，为整个行业注入了新的活力。《2023年度中国电子商务市场数据报告》显示，2023年中国电子商务市场规模达50.57万亿元，电子商务行业直接从业人员达755万人、间接从业人员达6550万人。电商新业态、新模式创造了大量新职业、新岗位，成为重要的"社会稳定器"。

党的十九届五中全会指出，要发展数字经济，坚定不移建设数字中国。电子商务作为数字经济中规模最大、表现最活跃、发展势头最好的新业态新动能，是新发展格局蓝图中非常重要的一环，必将在畅通国内大循环，促进国内国际双循环中发挥重要作用。

电子商务市场持续发展，对人才的定位和需求以及相关企业经营模式也越来越多样化，这对电子商务人才的培养和相关企业的经营方式都提出了新的要求。在这样的背景下，本书依据新形势、新使命进行编写。本书共分为10个项目，项目1至项目4主要介绍了网店运营岗位的要求及网店的开设、选品与商品发布、装修等；项目5至项目8从淘宝、抖音、拼多多、小红书等多个平台入手，详细讲述了网店的运营与推广；项目9和项目10则综合介绍了物流管理、客服管理和网店运营数据分析的相关知识。

本书编写特色如下。

·案例主导、学以致用：本书以真实案例进行讲解，将职业场景引入课堂教学，每个项目配套练习题，实现"学中做、做中学"的教学思想。

·内容翔实，图文并茂：本书主要分为三部分进行编写，首先是对网店的开设等进行阐述，其次是对多个平台网店的运营与推广进行详细解析，最后是对物流管理、客服管理和网店运营数据分析的相关内容进行介绍；每一部分的内容都确保讲解详细、图文并茂，全面提升读者操作能力。（扫描封底二维码可查看部分彩图原图）

·课外拓展，力求实用：每个项目配备"课外拓展"，向读者展示电子商务行业最新的发展动态和成果，拓宽读者眼界。

本着共建、共享，缓解众多高职院校缺乏"网店多平台运营与推广"课程教学资源现状的愿望，朱才彬、刘涛、钟一杰任主编，孙天慧、任琳琳任副主编，编写了本书。本书的编写参阅了大量国内外相关著作，以及相关行业分析报告和网络资料。尽管我们在编写过程中力求准确、完善，但书中可能还有疏漏与不足之处，恳请广大读者批评指正，在此深表谢意！

目 录

项目 1
走进网店多平台运营与推广

【知识目标】

1. 掌握网店多平台运营的含义和价值。
2. 掌握电子商务平台的发展趋势。
3. 掌握网店运营岗位工作内容和职业素养。

【技能目标】

1. 能收集并分享网店多平台运营案例。
2. 能分析并编写网店运营岗位说明书。

【思政目标】

1. 具备网店运营的创新意识。
2. 具备网店运营的责任意识、团队意识。
3. 认识到数字化创新在网店多平台运营中的意义，从而加强信息化意识。
4. 通过对电商发展趋势的学习，增强创新意识和全球化意识。

【案例讨论】

管易云 C-ERP 是一款优秀的网店多平台运营系统，具有以下特点。

平台极速对接。该系统已对接 300 多个电商平台，两天可上线一个新平台；使用独家专利低代码平台接入技术，可快速调整平台业务，无须开发。

多平台订单同步处理。该系统能将不同平台的网络订单统一流转到管易云系统内进行分析审核，平台能自动处理正常订单，并筛选出异常订单交由人工处理，退换货订单会自动实时同步至系统，以便客服人员及时处理。

多平台仓储信息同步处理。该系统能同步处理多平台多店多仓商品库存异常变动信息，可视化报表反映库存变动趋势，可将异常情况及时报告店家。

实现自动化售后服务。该系统内置数十种触发节点和执行动作，可自由搭配实现自己所需的业务流程；退换货可自动退款、更新换货商品、备注，并自动重新匹配物流公司与仓库等。

该系统可以实现网店在多个电商平台的同步自动化管理，大幅度提高了网店商家的工作效率，深受业界用户喜爱，表 1-1 为该系统的业界成就表。

表 1-1 管易云 C-ERP 成就表

系统成就	具体内容
系统成绩	连续九年在淘宝压测大赛中取得优异成绩； 对接 300 多个电商平台，覆盖电商行业全类目
订单处理	自动处理 80% 的订单，下载峰值可达 37800 单 / 秒
合作成就	淘宝金牌搭档，阿里聚石塔官方合作伙伴
云端服务器	云端部署，大型服务器集群，十二年电商大促稳定无宕机

续表

系统成就	具体内容
库存仓储	多平台多店多仓商品库存异动同步
财务系统	无缝对接金蝶云财务系统，轻松实现业财一体化
服务团队	全国各地百人服务团队，解决客户问题

👁 **思考**

什么是网店多平台运营与推广？它有什么价值？

1.1　网店多平台运营与推广解析

随着越来越多的消费者选择在电商平台上购物，涌现出一大批电商平台。为了拓宽销路，增加商品销量，开拓更多竞争渠道，电商企业开始注重多平台运营，以满足更广泛的用户需求。

1.1.1　网店多平台运营与推广的含义

1. 多平台运营与推广的含义

多平台运营与推广是指商家通过批量上传产品至各个不同的电商平台，如淘宝、抖店（抖音店铺）、小红书、拼多多等，进行商品的多平台销售。其目的是用低成本的方式获得更多的曝光量和浏览量，进而增加产品销量。

2. 多平台运营与推广的价值

多平台运营与推广的具体价值包括以下几个方面。

1）增加商品曝光量

互联网行业的迅猛发展使得电商运营平台应运而生。面对激烈的市场竞争，商家不仅要提高商品和服务质量，还要增加自家商品相对于其他竞品的曝光量。而为了获得更多的曝光量，商家不会只在一个平台上运营，而是选择在多个平台上运营自己的产品，拓宽竞争赛道。

2）分散运营风险

多平台运营能够分散单一平台可能出现的风险，包括单一平台商品不明原因下架、店铺违规、平台停运等。商家对单一平台的依赖性越大，面临的不确定的风险也越大。一旦因为平台规则而导致下架或封号，单平台运营模式下产生的损失将是很严重的。所以，商家要选择多个平台同时运营，立足于自己的核心优势，开拓更多平台，布局更多渠道，提升抗风险能力。

3）吸引不同的客户群体

多平台运营能够吸引不同的客户群体。每个电商平台都有其相对固定的客户群体和人群定位，各平台用户的年龄、喜好、品位和购买习惯都不尽相同。多平台运营可以吸纳单平台运营中没有接触到的客户群体，同时不断增加商品多样性，达到增加产品销量的目的。多平台运营要获取的不仅仅是流量，还有多种类型的用户群体，根据各个平台用户的特点差异化运营，可以加深不同类型的客户对品牌的印象。

4）根据不同平台设置价格

每个平台都有自己的商业模式。商家可以根据各平台的商业模式改变营销策略。例如，拼多多最突出的优势在于商品的折扣力度高，所以商家可以和平台形成产品供应链，将库存产品低价卖出，尽快收回成本，达成品牌方和平台双赢的局面。

↑↓ 【知识拓展】

传统的多平台运营有许多缺陷，可以总结为以下4点：

①同一产品上新至多个平台，需要依照各平台的规则筛选字段信息，多次编辑、录入相同的内容，耗费大量的人力；

②同一产品的素材图需要匹配各平台的图片规则，美工部门需要多次对原始图进行尺寸、像素等的修改，耗费大量的时间；

③每个平台商品上新都需要员工操作，随着市场的平台越来越多，上新的人力和时间成本也越来越大；

④随着销售渠道的不断增多，店铺产品上新频繁，大量的产品信息分散至各个平台，造成产品信息混乱、错误。

3. 多平台运营的风险

网店多平台运营的风险主要包括以下几个方面。

1）运营者对平台不够熟悉

每个平台的政策规则不一样，有些商家没了解清楚平台的规则就轻易入驻平台，自然会遇到各种困难。

2）供应链管理不完善

每个平台的供应链管理要求不一样，有些商家没了解清楚供应链的要求就轻易入驻平台，自然会遇到库存管理不善的困难等。

3）侵权风险

商家在运营网店时，如果未经官方授权，擅自在其他平台上开设店铺就有面临侵权风险的可能。

4. 数字化多平台运营管理系统

数字化多平台运营管理系统是一种综合性的软件系统，用于管理和协调企业在多个平台上的运营活动。数字化多平台运营管理系统中准确的财务管理流程可以帮助商家算清每一笔账，并提供准确的报表分析，有利于商家实时掌握企业的资金流、物流、信息流等相关信息。

数字化多平台运营管理系统相较于传统运营方式有以下优势。

1）多账号多网店统一管理

数字化多平台运营管理系统可以一站式管理多个店铺，告别切换账号的烦琐流程，支持多账号管理，防止账号关联现象，不需要担心账号安全。

2）提高补货管理效益

库存补货过少易导致断货，影响客户体验；补货过多常引起滞销，导致仓储成本增加、现金流受限，所以供应链管理很重要。数字化多平台运营管理系统，比如ERP，可以帮助商家提高补货的及时性和精准度，释放人力，节省管控成本，提高管理效益。

3）物流管理更加智能化

数字化多平台运营管理系统为商家提供了更多的物流选择，能够及时跟踪物流单号码，对货物数据进行实时监控，更加直观、透明；在物流信息发生突变时能够及时地反馈给买卖双方，降低损失。

4）财务管理更加快捷准确

数字化多平台运营管理系统中的财务管理能准确地帮商家算清每一笔钱，有利于商家实时掌握企业的资金流、物流、信息流等信息。

1.1.2　电子商务平台发展趋势

随着互联网技术的不断发展，电子商务也在不断壮大。越来越多的人开始用电商平台来购物，极大地促进了电商平台的发展。近年来，电商平台发展呈现出以下几个趋势，如图 1-1 所示。

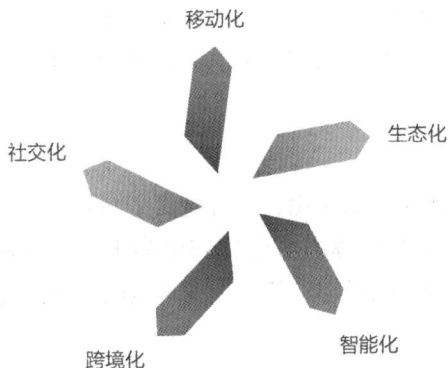

图 1-1　电商平台发展趋势

1. 移动化

移动互联网的发展，让用户可以随时随地通过手机购物，这也导致电商平台从一开始的桌面端不断向移动端转型，通过 APP、小程序等方式提供更加便捷的购物体验。近年来，移动电商市场销售额快速增长，已经成为电商市场主流。2022 年中国移动互联网用户规模再度大幅增长，总规模突破12亿。

2. 社交化

社交电商作为电商平台的新兴模式，将社交和电商进行了有机结合。通过社交电商平台，用户可以分享商品、评价商品、邀请好友等，从而增强了社交属性和用户粘性。同时，社交电商平台也为商家提供了更加丰富的营销手段，可以通过社群运营、KOL联动等方式推广产品。例如，拼多多的拼团低价销售在利用用户社交圈增加产品销量的同时，还在无形之中对平台及商品进行了推广，增加了曝光量。

📖【课外拓展】

什么是KOL推广？

KOL在营销学中的定义为拥有更多、更准确的产品信息，且为相关群体所接受或信任，并对该群体的购买行为有较大影响力的人。他们之中许多人是各自领域的专家，拥有数以百万计的追随者，KOL通过各种媒介向粉丝提供建议、指导等，粉丝也会积极参与到KOL所创建的内容中，形成口碑传播以及直接购买行为。

KOL推广是品牌方市场推广的主要手段，即通过和社交媒体达人、专家合作，进行口碑传播，将品牌信息向其粉丝推广宣传，达到营销目的。KOL推广属于一种全新的宣传渠道，更加直接迅速地帮助品牌触达到大众流量。

KOL联动推广，即针对多平台的矩阵推广。因为平台属性的不同，对应的用户群体也略有差异，通过多平台KOL矩阵的营销方式，可以更大程度地调动用户群体，促进效益的转化。

3. 跨境化

随着全球化的加速推进，跨境电商逐渐成为电商平台的重要板块。跨境电商平台可以让消费者直接从海外购买商品，同时也为海外商家提供了更加丰富的销售渠道。中国电子商务研究中心发布数据，2022年中国跨境电子商务交易额实现3.8万亿元，比上年增长74.3%。

4. 智能化

人工智能、大数据等新技术的应用，使得电商平台可以更加准确地了解用户需求，从而提供更加个性化的服务和推荐。智能化的电商平台可以通过算法实现商品的精准推荐、订单的智能分配、客服的智能应答等一系列操作，提升了用户体验和运营效率。

5. 生态化

电商平台与物流等产业的融合，形成了生态化的电商生态圈。电商平台可以通过与供应商、物流公司等合作，优化供应链、降低物流成本、提高交易效率。同时，电商平台也可以通过生态开放、合作共赢等方式，打造一个多元化的电商生态系统。

总之，电商平台未来的发展将会越来越移动化、智能化、社交化、生态化和跨境化。同时，电商平台需要不断创新，提升用户体验，才能在激烈的市场竞争中立于不败之地。

1.2   认识网店运营岗位

传统意义上的运营是指企业运营过程中的计划、组织、实施和控制，是与各岗位之间密切相关的各项管理工作的总称。网店运营是指对各大电商平台的运营维护，包括发布、推广、销售、售后服务等经营与管理工作。网店运营的工作可以简单理解为吸引流量、促进转化、维系顾客，如图 1-2 所示。

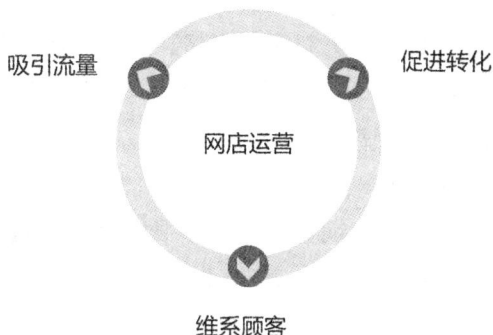

吸引流量   促进转化

网店运营

维系顾客

图 1-2   网店运营工作

1.2.1   网店运营岗位工作内容

网店运营岗位工作内容包括前期网店策划、数据跟踪、客服管理、网店日常运作、营销策划、商品管理、库存管理、与各岗位人员的沟通与协调。

1. 前期网店策划

在了解市场需求的基础上，网店运营工作者需要对店铺名称、网店模板设计、主营商品关键词、店铺商品类目等进行设计优化。

2. 数据跟踪

网店运营工作者需要对每日各个平台各类商品销售情况进行跟踪，分析当前行业流行趋势；记录网店的商品浏览量、顾客停留时长、销售情况等，对店铺产品数据进行持续跟踪，及时发现可能成为"爆款"的商品和可能被淘汰的商品。

3. 客服管理

网店运营工作者需要优化客服话术以及整体客服流程，记录客服工作日志，记录遇到的问题和解决的方法，根据用户反馈信息不断优化产品。

4. 网店日常运作

网店运营工作者需要负责协调网店各部门工作，如顾客服务优化工作、经营业绩配合工作及日常管理工作等，并促进各部门人员的沟通，负责整个团队的业绩考核工作。

5. 营销策划

网店运营工作者需要策划并组织实施网店整体营销推广，提升网店自身营销能力；定期对推广效果进行跟踪、评估，并提交推广效果的统计分析报表，及时提出营销改进措施，给出切实可行的改进方案。通常来说，策划是运营前期的关键环节，这些都需要运营工作者按照实际的需求来进行合理的规划。

6. 商品管理

商品的管理对于整个网店的正常运营非常重要，包括商品的文案设计，商品的发布属性、分类属性，商品的推荐位占用，商品的上新和下架，这些工作对于了解市场的需求非常重要，运营工作者也可以根据这些提出相应的改进建议和方案。

7. 库存管理

网店运营工作者需要每日定期更新库存表格，预估 SKU（最小存货单位）可售天数和记录每日退货情况，形成数据表格，提出改进意见并实施优化。

8. 与各岗位人员的沟通与协调

运营工作者负责管理整个网店，所以需要与各个岗位的人员进行有效沟通与协调，尤其是和客服、美工设计人员的定期交流，能够很好地优化网店运营的模式。加强沟通与协调，是促进网店业绩提升的重要动力，也有助于各项工作的顺利开展。

1.2.2　网店运营岗位职业素养

网店运营岗位职业素养具体如表 1-2 所示。

表 1-2　网店运营岗位职业素养

序号	职业素养	具体内容
1	专业知识和技能	需要具备电商运营相关知识和技能，包括商品管理、营销策划、数据分析、客户服务等方面的专业知识和技能
2	创新能力	需要能够不断开拓新的营销渠道，提供独特的产品和服务，制定创新的营销策略，以及在竞争激烈的市场中快速反应和调整
3	组织协调能力	需要能够协调内部各部门的工作，包括采购、仓储、物流等，使整个电商运营流程能够高效运转
4	沟通能力	需要具备良好的沟通能力，能够与各方进行有效沟通和协调，包括内部团队、供应商、客户等
5	团队合作能力	需要具备团队合作精神，能够和团队成员共同完成工作，并能够有效地解决问题
6	抗压能力	需要具备抗压能力，能够在工作压力大的情况下保持良好的心态和工作效率
7	数据分析能力	需要能够利用数据分析工具和方法，对销售数据、客户行为数据等进行分析和挖掘，发现潜在商机和优化方案
8	自我学习能力	需要具备不断学习的精神，关注市场变化、行业动态、新技术、新方法，不断提升自己的专业知识和技能

【课外拓展】

网店运营需要经过的三个阶段

第一阶段：熟悉平台规则，掌握后台基本操作。

首先，要熟悉平台的所有规则。目前大部分平台都设置了很多运营规则，这些规则约束和规范着各类店铺的运作，如果违反规则导致扣分，轻则影响权重难以获取流量，重则遭到封店永久退出。很多新人甚至有一定经验的从业者，在从事网店运营时会因不熟悉运营规则导致失败。因此，要从事网店运营，首先要熟悉平台运营规则。

第二阶段：学习基础的运营技巧。

基础的运营技巧主要包括搜索等免费流量的优化、直通车等付费推广的优化、竞争对手分析、主图与详情页优化、活动报名等。第二阶段的学习要以第一阶段为基础，只有熟练掌握了各种平台规则和后台操作，练就了扎实的基本功，在学习运营技巧时才会水到渠成。

第三阶段：学习运营思维与团队管理。

运营思维与团队管理的学习主要包括网店运营计划的制定和安排、月度/季度/年度运营计划与执行、"爆款"打造的规划与安排、市场定位、选品策划、商品结构的规划、日常活动的计划制定和安排、大促活动计划的制定和安排、店铺的诊断与规划、全店运营节奏的安排、团队的协作与分工等。

通过前两个阶段的学习，大多数新人能在运营实践中取得一定的成绩，但不可止步于此。学好第一阶段可以做好运营助理，学好第二阶段可以做好推广专员，但要成为一名真正的运营人，必须经过第三阶段的学习。

【实训演练】

实训背景

小王是一位电商新人，他曾拥有一家线下实体店，并有5年的开店经验。由于互联网的快速发展，传统店铺的竞争力逐渐下降，于是小王想尝试开一家网店。经过市场调研与分析，他决定在抖音平台上开店，经营自产的服装。但是他对网店的运营推广等一系列活动了解较少，对电商的发展趋势了解不够深入。

实训要求

①根据背景内容向小王介绍网店多平台运营的含义和价值，并向他分析电商平台的发展趋势。

②向小王介绍网店运营的相关职责和岗位素养。

【复习思考】

一、单选题

1.（　　）不是网店多平台运营的价值。

A. 增加商品曝光量　　　　　　　　　　B. 分散运营风险

C. 吸引不同的客户群体　　　　　　D. 提升商品品质

2.（　　）不属于数字化多平台运营管理的优势。

A. 造成账号关联　　　　　　　　　B. 降低库存成本

C. 提高补货管理效益　　　　　　　D. 物流管理更加智能化

3.（　　）不属于网店运营岗位职业素养。

A. 创新能力　　　　　　　　　　　B. 美工能力

C. 组织协调能力　　　　　　　　　D. 自我学习能力

二、多选题

1.（　　）是电子商务平台的发展趋势。

A. 移动化　　　　　B. 社交化　　　　　C. 跨境化

D. 智能化　　　　　E. 复杂化

2.（　　）是网店运营需要具备的专业知识和技能。

A. 商品管理　　　　B. 营销策划　　　　C. 数据分析

D. 组织会议　　　　E. 招聘培训

3.（　　）属于传统多平台运营的缺点。

A. 人力成本大　　　B. 时间成本大　　　C. 产品信息错乱

D. 销售渠道狭窄　　E. 容错率高

三、判断题

1. 3C 定位分析是指对顾客群、公司／个人、竞争对手进行定位和分析。（　　　）

2. KOL 联动推广是针对单一平台的推广。（　　　）

3. 近年来，移动电商市场销售额快速增长，但仍未成为电商市场主流。（　　　）

四、简答题

1. 简述网店运营岗位的工作内容。

2. 网店运营需要具备哪些职业素养？

项目 2
网店开设

【知识目标】

1. 了解淘宝平台、店铺类型及特点。

2. 了解抖音平台、店铺类型及特点。

3. 了解拼多多平台、店铺类型及特点。

4. 了解小红书平台、店铺类型及特点。

【技能目标】

1. 能根据店铺特点选择合适的店铺类型。

2. 掌握淘宝店铺开设所需条件。

3. 能熟练完成淘宝店铺的注册与开设。

4. 掌握抖音店铺开设所需条件。

5. 能熟练完成抖音店铺的注册与开设。

6. 能熟练完成店铺保证金的缴纳。

【思政目标】

1. 具备开设店铺的相关法律意识。

2. 认识到向平台缴纳保证金的重要性。

3. 具备相关法律证件的准备意识。

【案例讨论】

小丽是一位电商新人，经过市场调研与分析，她决定在一家电商平台上开店，经营自产的服装。目前，她共有资产100万元，有营业执照（"三证合一"）、一般纳税人资格证、银行开户许可证等证件。小丽听说在淘宝、京东、抖音等平台上开店较为稳妥，想要更多地了解京东、淘宝、抖音等平台，并选择一家平台开店。小丽想要了解在淘宝、京东等平台开店的相关问题，如入驻条件、入驻流程、店铺特色设计、入驻需要缴纳的费用等，只有了解清楚这些，才能精确计算产品的定价与利润。现在她向你就相关问题进行咨询。

思考

小丽可以选择哪些电商平台？每家电商平台有什么特色？她需要如何入驻？

2.1 入驻平台选择

每个电商平台都有其特性，如用户群体、交易流程、支付方式等，不同的电商平台覆盖的消费者群体和市场区域也有所不同。选择合适的平台可以帮助商家触及更广泛的潜在客户。

2.1.1　淘宝平台

1. 淘宝平台简介

淘宝平台（logo 见图 2-1），是一个综合性购物网站。淘宝商城整合了数千家品牌商、生产商，为商家和消费者之间提供一站式解决方案，随着淘宝网规模的扩大和用户数量的增加，淘宝也从单一的 C2C（customer to customer，指的是个人与个人之间的电子商务，简称为个人电商网络集市）变成了包括 C2C、分销、拍卖、直供、众筹、定制等多种电子商务模式在内的综合性零售商圈。

图 2-1　淘宝 logo

2. 淘宝平台店铺类型

淘宝平台店铺类型主要包括淘宝旗舰店、淘宝天猫专卖店、淘宝天猫专营店、淘宝天猫卖场型旗舰店和银河专营店，各类型店铺特点如表 2-1 所示。

表 2-1　淘宝平台店铺类型

序号	类型	特点
1	淘宝旗舰店	以自有品牌或由商标权人提供独占授权的品牌入驻淘宝开设的店铺
2	淘宝天猫专卖店	以商标权人提供普通授权的品牌入驻天猫开设的店铺（淘宝天猫专卖店有经营一个授权品牌的专卖店和经营多个授权品牌且各品牌归于一个实际控制人的专卖店两种类型）
3	淘宝天猫专营店	在同一经营大类下经营两个及以上品牌的店铺（淘宝天猫专营店有经营两个及以上他人品牌的店铺、既经营他人品牌又经营自有品牌的店铺，以及经营两个及以上自有品牌的店铺三种类型）
4	淘宝天猫卖场型旗舰店	以服务类型商标开设且经营多个品牌的旗舰店，是线下连锁超市、卖场或者线上 B2C 网站品牌商标权人或由商标权人直接提供独占授权的主体入驻开设的店铺，同时商家销售的商品可以追溯到品牌的 35 类商标持有人及其商品对应的商标权人。该类型店铺仅限邀约入驻
5	银河专营店	代销淘宝天猫国际直营或天猫国际品牌旗舰店货品的专营店，没有经营大类限制。该类型店铺仅限邀约入驻

2.1.2　抖音平台

1. 抖店简介

抖店（logo 见图 2-2）是抖音平台推出的一站式商家生意经营平台，可实现商品交易，店铺管理，售前、售后履约，第三方服务市场合作等全链路的生意经营。为商家提供全链路服务，帮助商家长效经营、高效交易，实现生意的新增长。

图 2-2　抖店 logo

2. 抖音平台店铺类型

抖音平台店铺类型主要包括企业店、专营店、专卖店、官方旗舰店、旗舰店和个体工商户店，各类型店铺特点如表 2-2 所示。

表 2-2　抖音平台店铺类型

序号	类型	特点
1	企业店	以商标权人提供普通授权的品牌入驻平台开设的企业店铺，经营一个及以上品牌。以企业店命名的入驻品牌的商标应为已经注册的商标（R标），或申请时间满六个月且无驳回复审的TM标。申请主体应为企业，不能为个体工商户或自然人。品牌力等级分为高（知名品牌）、中（成长期品牌）、低（新创品牌）
2	专营店	以商标权人提供普通授权的品牌入驻平台开设的企业店铺，经营两个及以上品牌。以专营店命名的入驻品牌的商标应为已经注册的商标（R标），或申请时间满六个月且无驳回复审的TM标。申请主体应为企业。品牌力等级为高（知名品牌）、中（成长期品牌）
3	专卖店	以商标权人提供普通授权的品牌入驻平台开设的企业店铺。 以专卖店命名的入驻品牌的商标应为已经注册的商标（R标），或申请时间满六个月且无驳回复审的TM标。申请主体应为企业，个体工商户或自然人不得申请。品牌力等级为高（知名品牌）、中（成长期品牌）
4	官方旗舰店	以自有品牌（商标为R标或TM标）或由商标权人（商标为R标）提供独占授权的品牌入驻平台开设的企业店铺。针对独占授权的品牌，品牌授权书模板应为官方旗舰店授权模板。申请主体应为企业，个体工商户或自然人不得申请。品牌力等级为高（知名品牌）
5	旗舰店	以自有品牌（商标为R标或TM标）或由商标权人（商标为R标）提供独占授权的品牌入驻平台开设的企业店铺。申请主体应为企业，个体工商户或自然人不得申请。品牌力等级为高（知名品牌）、中（成长期品牌）
6	个体工商户店	以商标权人提供普通授权的品牌入驻平台开设的个体店铺，经营一个及以上品牌。以个体工商户店命名的入驻品牌的商标应为已经注册的商标（R标），或申请时间满六个月且无驳回复审的TM标。申请主体应为个体工商户，不能为企业或自然人。品牌力等级为高（知名品牌）、中（成长期品牌）、低（新创品牌）

2.1.3　拼多多平台

1. 拼多多平台简介

拼多多平台（logo 见图 2-3）是专注于 C2M（customer to manufacturer，指的是用户直连制造商，它是一种新型的电子商务互联网商业模式）拼团购物的第三方社交电商平台，成立于 2015 年 9 月，用户通过发起和朋友、家人、邻居等的拼团，可以以更低的价格拼团购买优质商品。相比于其他电商平台，拼多多具有门槛低、流量大、成本低的入驻优势，适合新人试水。

图 2-3　拼多多 logo

2. 拼多多平台店铺类型

拼多多平台店铺类型主要包括旗舰店、专营店、专卖店、个人店，各类型店铺特点如表 2-3 所示。

表 2-3　拼多多平台店铺类型

序号	类型	特点
1	旗舰店	商家以自有 / 授权品牌入驻，可经营一个或多个自有品牌。卖场型品牌（服务类商标）所有者开设的品牌旗舰店只限拼多多商城主动邀请入驻。旗舰店转化率高，权重比较高，官方流量支持也很高，可参加大部分平台活动
2	专营店	需要商标注册证或者商标注册申请受理通知书和商品品牌授权证书，其次需要公司营业执照。公司的营业执照需要在行政大厅办理。专营店申请的时候必须对接运营，只能通过对接运营申请。 店铺特点是可经营一个及以上自有品牌、经营一个及以上他人品牌或既经营他人品牌又经营自有品牌。同一组企业三证可以开设五家主营类目店铺
3	专卖店	专卖一种品牌商品的店铺，需要法人身份证、公司营业执照、对公账户、经营商品牌证书（商标为 R 标或者 TM 标）等，授权品牌等级不超过二级。其他同专营店相同
4	个人店	个人开设的店铺，要求有身份证原件。用一个身份证可以在每个主营类目下开设两个店铺，个人店铺的特点是从事小额交易，不需要依照法律、行政法规进行登记，不需要获得许可的便民劳务合同等。这样的店铺数据机动性比较强，一般限制比较少，但参加某些活动没有支持

2.1.4 小红书平台

1. 小红书平台简介

小红书（logo 见图 2-4）是一个以分享生活方式为主的电商平台，与其他电商平台相比，小红书有两个独特之处。其一是口碑营销，小红书是一个真实分享的社区，真实的用户体验分享更能够吸引用户购买；其二是结构化数据下的选品，平台会根据用户点赞和收藏的笔记来向用户精准推送商品广告。

图 2-4 小红书 logo

2. 小红书平台店铺类型

小红书平台店铺类型主要包括个人店、个体工商户店、普通企业店、专卖店、旗舰店、卖场型旗舰店。各类型店铺特点如表 2-4 所示。

表 2-4 小红书平台店铺类型

序号	类型	特点
1	个人店	以个人为单位限定经营零星小额交易的单 / 多个品牌的店铺
2	个体工商户店	以个人为单位限定经营单 / 多个品牌的店铺
3	普通企业店	以企业为单位限定经营单 / 多个品牌的店铺
4	专卖店	以商标权人提供普通授权（最多三级）的非自有品牌商家入驻到小红书开设的店铺，限定为经营单个品牌的专卖店
5	旗舰店	以自有品牌或者由商标权人提供独家授权的品牌入驻小红书开设的店铺，限定为经营单个品牌的旗舰店（平台会视品牌的经营情况和店铺经营情况给予店铺进行官方旗舰店的升级）
6	卖场型旗舰店	仅限邀约入驻模式，以知名零售商资质开设且经营多个品牌的旗舰店。卖场型旗舰店分以下两种类型：经营多个品牌且各品牌归同一实际控制人的卖场型旗舰店、以 35 类服务类商标开设且经营多个品牌的卖场型旗舰店

📖 【课外拓展】

各类电商平台的特点各异，在开设店铺之前需要明确自己的能力、条件和需求。

淘宝店铺开设门槛较低，加之其老牌电商平台的身份，吸引很多创业者在淘宝开店，但淘宝平台店铺种类、数量过多，导致店铺竞争加剧，免费流量的获取越来越难，店铺的生存越来越依赖付费流量。要想有流量和转化，就需要开淘宝直通车，以付费流量带动免费流量。

抖音平台直播带货作为电商新模式正处于红利期，平台流量较大，抖音平台店铺开设门槛相对较低，平台规则较为宽松，适合个人小卖家开设店铺。

小红书作为一款以分享生活为主的社交论坛型APP，依靠各类分享博主获得了巨大流量，其商城将这些流量变现，主要通过笔记"种草"的方式进行商品推广，更加生动真实地展现商品特性，吸引大量平台用户购买。

相对于传统电商平台（如淘宝、京东）将注意力集中在一二线城市上，拼多多避开了电商平台在一二线城市的激烈竞争，而将目光放在对三线及以下城市的消费挖掘上。而且相对于其他电商平台，拼多多推出团购式的购物模式，这一购物模式可以使商品通过用户社交链得到推广，增加商品销量。这使得拼多多在激烈的市场中能够保持低价格、低门槛、高流量的优势，相比于其他平台更适合小规模企业和个人创业者的入驻。

2.2　网店注册与开设

注册网店是获得合法在线经营资格的前提，确保商家的商业活动符合国家法律法规。网店的注册流程基本一致，这里以淘宝店铺和抖音店铺的注册为例进行讲解。

2.2.1　淘宝店铺注册与开设

1. 淘宝店铺注册条件

淘宝店铺注册条件主要分为企业商家注册条件和个人商家注册条件，具体如表2-5所示。

表2-5　淘宝店铺注册条件

序号	店铺类型	注册条件
1	企业商家	①开店公司注册资本不少于100万元。 ②开店公司依法成立并持续经营两年及以上。 ③开店公司具备一般纳税人资格。 ④自荐品牌提供商标注册证（即R标）。 ⑤如经营进口商品，须提交近一年内中华人民共和国海关进口货物报关单扫描件，报关单上应展现对应品牌名称及商品名称。 ⑥所有提交资料需要加盖开店公司公章（鲜章）。 ⑦需要企业营业执照（确保未在企业经营异常名录中且所售商品在营业执照经营范围内）、法定代表人身份证正反面、联系人身份证正反面。 ⑧需要商标注册证或商标注册申请受理通知书（若办理过变更、转让、续展，请一并提供变更、转让、续展证明或受理通知书）、品牌授权书（商标权人出具的授权书，若商标权人为自然人，则需同时提供其亲笔签名的身份证复印件）

序号	店铺类型	注册条件
2	个人商家	①注册个人普通店铺只需要卖家个人注册淘宝ID并绑定支付宝账号，实名制后，在淘宝网页上申请开店，提交身份证信息即可开通； ②注册个体工商户店铺需要营业执照照片、法人身份证正反面照片、已实名认证的个人支付宝或企业支付宝账号

2. 淘宝店铺注册流程

淘宝店铺注册流程主要包括申请企业支付宝账号、登录在线申请页面、完成认证、等待审核和发布商品5个步骤，具体如图2-5所示。

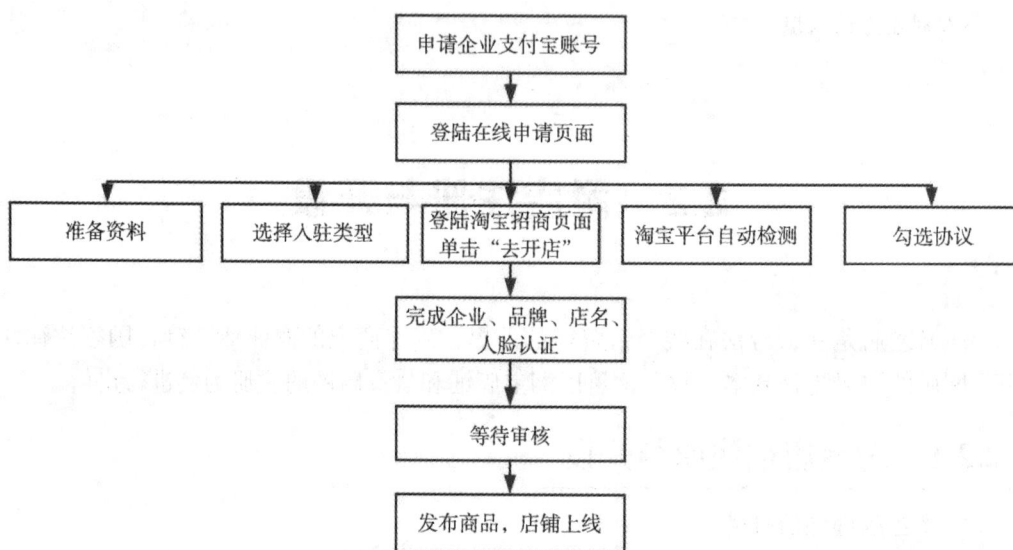

图 2-5　淘宝店铺注册流程

1）申请企业支付宝账号

店铺运营者登录支付宝，单击"我是商家用户"注册，选择个人或企业类型，通过支付宝商家认证。淘宝要求提供的支付宝账号是一个全新的账号，不可绑定任何淘宝会员ID。如果已经拥有了一个经过商家认证的个人或企业支付宝账号，但不符合淘宝的支付宝账号要求，可重新申请一个账号，无须再重复进行一次商家认证，只需将新申请的账号与原有的商家认证账号关联即可。

2）登录在线申请页面

①准备资料。根据选择的店铺类型，准备相应的入驻资料。通常需要提供个人或企业的身份证明、营业执照等相关证件。此外，还需要提供银行账户信息，用于结算款项。

②选择入驻类型。淘宝提供了三种店铺类型供选择，分别是个人商家、个体工商户商家、企业商家，注册者可以根据自己的身份和需求选择适合自己的类型。

③登录淘宝招商页面单击"去开店"，并阅读入驻须知。

④淘宝平台自动检测支付宝账户。录入的支付宝账号要通过支付宝实名认证，且未用于申请入驻淘宝并未绑定任何淘宝账号。支付宝账号通过检测后，请勿自行将此支付宝账号与任何淘宝账号绑定，店铺成功上线后系统会自动将此账号与淘宝账号绑定。

⑤阅读淘宝商家须知并勾选协议。

3）完成认证

①填写申请信息并在线上传相关的企业资质和品牌资质。

②确定淘宝店铺名称和域名。

③完成人脸审核。

4）等待审核

①提交申请，淘宝工作人员会在 7 个工作日内完成审核。

②以淘宝账号登录淘宝平台，在 15 天内完成保证金 / 技术服务年费的冻结缴纳操作。逾期操作，本次申请将作废。

5）发布商品

商家需要在 5 天之内发布商品，否则店铺将作废。

2.2.2　抖音店铺注册与开设

1. 抖音店铺注册条件

抖音店铺注册条件主要分为企业商家注册条件和个人商家注册条件，具体如表 2-6 所示。

表 2-6　抖音店铺注册条件

序号	店铺类型	注册条件
1	企业商家	①具有营业执照原件扫描件或加盖公司公章的营业执照复印件。 ②确保未在企业经营异常名录中且所售商品在营业执照经营范围内。 ③证件距离有效期截止时间应大于 15 天。 ④证件保证清晰、完整、有效。 ⑤企业提供法定代表人身份证。 ⑥提供银行账户名称、开户行和账号，提供开户主体与营业执照主体一致的对公账户。 ⑦ R 标——商标注册证申请入驻时，提供由国家知识产权局颁发的商标注册证；TM 标——商标注册申请受理通知书申请入驻时，提供由国家知识产权局颁发的商标注册申请受理通知书。 ⑧不得出现以下情况：存在与平台已有的品牌相似或已有的频道、业务、类目等相同或相似名称的品牌；包含行业名称、通用名称、知名人士或地名的品牌；与知名品牌相同或近似的品牌。 ⑨同一品牌在同一一级类目下只能经营一家旗舰店

序号	店铺类型	注册条件
2	个人商家	①年龄满 16 岁。 ②R 标——商标注册证申请入驻时，提供由国家知识产权局颁发的商标注册证；TM 标——商标注册申请受理通知书申请入驻时，提供由国家知识产权局颁发的商标注册申请受理通知书。 ③不得出现以下情况：存在与平台已有的品牌相似或已有的频道、业务、类目等相同或相似名称的品牌；包含行业名称、通用名称、知名人士或地名的品牌；与知名品牌相同或近似的品牌

2. 抖音店铺注册流程

抖音店铺注册流程主要是填写资质信息、平台审核、验证账户、缴纳保证金等，具体如图 2-6 所示。

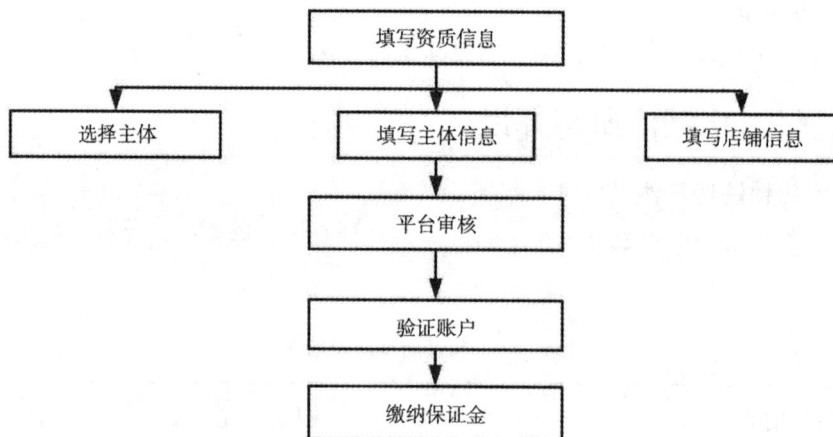

图 2-6　抖音店铺注册流程

1）填写资质信息

①选择主体。根据营业执照上的商户类型选择相应的主体，包括个体工商户、企业 / 公司等。

②填写主体信息。上传营业执照和身份证照片，完善相关信息。

③填写店铺信息。填写店铺名称、店铺类型、店铺 logo、经营类目等信息。

2）平台审核

对于国内一般类目商家，平台将在 1 ~ 3 个工作日内审核完成；定准类目商家，审核时长最多为 13 个工作日。审核结果以短信形式发送。

3）验证账户

审核通过后即可登录抖店进行账户验证。个体工商户进行人脸识别即可验证，企业可通过打款验证。

4）缴纳保证金

完成验证后，按照相应类目缴纳保证金。在抖音后台单击"资金"，选择"保证金账户"，在"店铺保证金"页面下单击"充值"，选择支付方式进行缴纳。

【课外拓展】

抖音店铺入驻成功所需时限如表 2-7 所示。

表 2-7 抖音店铺入驻成功所需时限

序号	入驻主体	入驻成功所需时限
1	企业	①入驻所需资料全部提交完成后，平台会进行资质审核，约 1~3 工作日。 ②审核通过后，需使用对私账户银行预留手机号验证或对公账户打款验证，约 1~3 个工作日。 ③验证通过后进行缴纳保证金，约 10 分钟。 ④缴纳完成即成功开店
2	个体工商户	①入驻所需资料全部提交完成后，平台会进行资质审核，约 1~3 工作日。 ②审核通过后，进行缴纳保证金，约 10 分钟。 ③缴纳完成即成功开店
3	个人	①入驻所需资料全部提交完成后，平台会进行资质审核，约 1~3 工作日。 ②审核通过后即成功开店

2.3 网店命名和 logo 制作

网店名称和 logo 对于网店的成功至关重要，它们是品牌识别和市场定位的关键要素，也可以快速传达网店的定位和价值观，帮助消费者理解品牌和它所代表的产品或服务，激发消费者的情感，与他们建立情感联系，增加品牌忠诚度。

2.3.1 店铺命名

1. 店铺命名技巧

1）通俗词汇 + 差异品类组合

选择通俗的词汇与不易与这个通俗词汇产生联系的差异商品品类结合。例如，苹果手机，苹果是水果，属于日常生活中容易接触到的通俗词汇，而手机是电子产品，二者没有相关性，这样起名可以让名称具有特殊感，加深人们的印象。

如果店铺销售的是蛋糕，取名叫奶油蛋糕，会使名称过于普通，不利于展现店铺的独特性，导致人们的印象不深，不利于打造品牌优势。

通俗词语与差异品类组合的例子还有很多，如瓜子二手车、神州专车、斗鱼直播、蚂蚁金服等。

2）陌生属性 + 熟悉词汇组合

将某一物品名称与完全不同于它给大众的印象的属性词汇相结合。例如，蓝月亮洗衣液。月亮给人们的第一印象是白色或黄色，可以肯定的是它绝对不是蓝色的。而蓝月亮洗衣液用月亮的陌生属性"蓝"与"月亮"结合，使人们在第一眼看到这个名称时产生好奇，进而达到加深印象和引流的效果。

3）使用简单好记、朗朗上口的词汇

一个简单好记的店铺名可以让消费者快速形成浅层记忆，只有先形成浅层记忆才有机会进一步加深消费者印象。现在很多店铺喜欢使用外语、生僻字，但是这些词汇对于大部分用户来说不便于理解和记忆。对于这些难以理解的词汇，消费者会选择性过滤，就算第一眼可以记住，但保持长期记忆也较难。例如，"堃祁布艺"与"江南布艺"相比，"堃祁布艺"名字拗口难以记忆，甚至需要查字典才能知道字的读音，而"江南布艺"朗朗上口，简单易懂，易于记忆和传播。所以在给店铺命名的时候可以结合品牌的特性，使用简单易懂的词汇来命名，这样相对于用生僻字来"考验"消费者而言，更容易让他们印象深刻。

2. 店铺命名注意事项

店铺命名要遵守平台规则，注意事项包括以下几个方面。

①未经平台许可，店标、店名、店铺公告及店铺介绍页面禁止使用含有某平台特许、某平台授权等含义的字词。

②禁止使用带有种族歧视、仇恨和淫秽信息的语言。

③店标、店名、店铺公告未经许可，严禁使用平台专用文字和图形作为店铺宣传的文字和图形。

④店标、店名、店铺公告及店铺介绍页面禁止使用不良言辞。

⑤店铺名不允许命名为某某商盟，非商盟店铺不允许使用"商盟"字眼进行宣传。

⑥店铺公告及店铺介绍页面禁止含有下列内容：不真实的内容或者误导消费者的内容，其他涉嫌违反法律的内容。

⑦非特殊店铺，不能在店铺、商品页面内使用旗舰店、专卖店、专营店等特有称呼。

⑧如用户或店铺不具有相关资质或未参加平台相关活动，不允许使用与特定资质或活动相关的特定含义的词汇。

⑨取名不要与平台已有的店铺名称重合，不要与大品牌名称雷同。

2.3.2 店铺 logo 制作

1. 自动生成 logo

有些平台提供自动生成 logo 服务，以抖音店铺为例：注册抖音店铺时，在编辑基本信息栏里，输入抖音店铺名称，店铺名称如果正常，就可以单击下面的"制作logo"按钮，单击之后会提示启动生成 logo，单击"生成 logo"按钮可以生成与店铺名字有关的 logo，选择合适的 logo 并单击"确认"按钮即可，如图 2-7 所示。

图 2-7　平台自动生成 logo

2. 第三方平台制作 logo

①搜索 logo 设计网站，以 U 钙网（logo 在线设计网站）为例，进入首页，如图 2-8 所示，在搜索框里输入店铺名称，如沙洲服装，然后单击"开始设计"按钮。

图 2-8　U 钙网界面

②单击之后进入图 2-9 所示的界面，在出现的图标中选择合适的 logo。

图 2-9　多个 logo 设计样式

③选中图标之后，可以修改图标颜色、底色，如图 2-10 所示。

图 2-10　修改 logo 细节

④单击"生成下载"按钮，完成 logo 设计。

3. logo 制作注意事项

在制作 logo 时，还需要注意以下事项，避免制作的 logo 不符合平台规范。

① logo 中不应使用门店的门脸、店内照片。

② logo 中不得含有任何联系方式（电话号码、网址、二维码、微信等）。

③ logo 中不得使用资质图片、合同图片。

④ logo 中不得含有政治敏感、平台禁止销售产品的相关信息。

⑤ logo 图片尺寸应为 800×800 像素以上，支持 PNG、JPG 和 JPEG 格式，大小不能超过 5 MB。

⑥ logo 颜色不应过多。店铺的 logo 最好不要超过三种颜色，颜色太多会出现混乱。建议选择视觉冲击力强的颜色，突出重点。避免选择纯白或太浅的底色，否则不会给消费者足够的视觉刺激，很难引起注意或给人留下印象。

⑦突出产品形象。如果是初创品牌，设计上除了考虑品牌形象传播，更重要的是品类的解读，避免选择过于晦涩的图形。

🏳 【实训演练】

实训背景

小王是一位电商新人，经过市场调研与分析，他决定在一家电商平台上开店，经营自产的夏季男士国潮服装，他的目标客户群体是中国风文化服装爱好者，服装大部分以短袖、短裤为主。目前，他共有资产 100 万元，有营业执照（"三证合一"）、一般纳税人资格证、银行开户许可证等证件。他计划在抖音平台上开一家个体工商户店，请你帮助他完成店铺的开设。

实训要求

①根据小王经营商品的具体内容，检查小王是否满足抖音平台个体工商户店开设所需条件，并完成店铺 logo 设计，填写表 2-8。

表 2-8   店铺开设信息

平台种类	店铺类型	选择该店铺类型的理由	注册所需材料	店铺 logo 设计图

②完成店铺入驻，包括正确填写资质信息、完成平台审核、完成账户验证、缴纳保证金。

✎ 【复习思考】

一、单选题

1. （　　）电商平台以博主笔记推荐为商品的主要推广模式。

A. 抖音　　　　　　B. 小红书　　　　　　C. 淘宝　　　　　　D. 拼多多

2. （　　）不属于淘宝店铺的注册条件。

A. 开店公司注册资本不少于 100 万元

B. 开店公司依法成立并持续经营一年及以上

C. 开店公司具备一般纳税人资格

D. 自荐品牌提供商标注册证（即 R 标）

3. （　　）不属于拼多多平台的店铺类型。

A. 旗舰店　　　　　　B. 专营店　　　　　　C. 个人店　　　　　　D. 官方旗舰店

二、多选题

1. （　　）是抖音店铺开设所需条件。

A. 具有营业执照原件扫描件或加盖公司公章的营业执照复印件

B. 确保未在企业经营异常名录中且所售商品在营业执照经营范围内

C. 证件距离有效期截止时间大于 7 天

D. 证件保证清晰完整有效

E. 在其他平台开设过网店

2. 抖音店铺注册需要填写的店铺信息包括（　　　　）。

A. 店铺名称　　　　　　B. 店铺类型　　　　　　C. 店铺 logo

D. 经营类目　　　　　　E. 店铺的邮编

3. （　　　　）属于小红书平台的店铺类型。

A. 专卖店　　　　　　B. 专营店　　　　　　C. 企业店

D. 旗舰店　　　　　　E. 授权店

三、判断题

1. 抖店账号分为普通号和企业号。（　　　　）

2. 抖音店铺类型中的专卖店是指以商标权人提供普通授权的品牌入驻平台开设的企业店铺。（　　　　）

3.淘宝店铺开设门槛较低，竞争压力小，适合小商品店铺的开设。（　　　）

四、简答题

1.淘宝店铺开设需要哪些条件？

2.简述抖音店铺开设的流程。

项目 3
网店选品与商品发布

1. 了解店铺选品的货源渠道及各自的优势。

2. 掌握店铺选品原则和应规避的风险。

3. 掌握商品定价公式及技巧。

4. 了解商品发布规则及对店铺运营的影响。

5. 熟悉商品发布的基本流程。

6. 熟悉商品发布的常见问题。

◎ 【技能目标】

1. 能根据店铺需要选择合适的货源渠道。

2. 能根据选品原则选择合适的商品，并规避可能出现的风险。

3. 熟练完成商品定价。

4. 熟练完成店铺商品发布的相关运营活动。

◎ 【思政目标】

1. 具备确保商品进货来自正品货源的相关法律意识。

2. 具备品牌专利权相关法律意识，避免专利侵权。

3. 具备不虚假宣传、不夸大商品功效的意识。

◎ 【案例讨论】

小丽是一位电商新人，她想要在淘宝平台开一家网店。她已经完成了店铺入驻相关工作，然后她需要完成选品并寻找合适的货源。她想要了解如何选品，选品时应该注意哪些问题。她目前住在三线城市，附近有批发市场，省会有服装生产工厂，但距离相对较远，她上网还得知有线上批发平台。她想要了解不同货源渠道的优势并选出最适合自己的货源。最后，她选择工厂生产的某品牌当季服装。

◎ 思考

小丽可以选择的货源各有什么优势？

3.1 网店选品

网店选品是电商成功的关键环节。它不仅关乎客户满意度和销售增长，还涉及品牌形象、库存管理和市场适应能力。网店选品的过程包括选择货源渠道、选择具体商品、商品定价。

3.1.1 货源渠道

货源渠道主要包括工厂采购、批发市场采购、熟人介绍资源、成为品牌代理商、网上采购、生产基地实地采购等。

1. 工厂采购

工厂采购即直接在商品成品生产完成的第一个环节进行采购。其优势如下。

①直接采购的成本最低。一件商品到消费者手中，要经过许多环节，其基本流程是：原料供应商→生产厂家→全国批发商→地方批发商→终端批发商→零售商→消费者。而商品经过的流通环节越少，其成本价格通常越便宜。

②工厂货源充足。一些特殊情况可能会导致市场商品断供，短时间内大量商铺、批发商全部断货，但工厂可能还存在大量货物。一般从厂家批发货物都需要签订合同，可以定时定量地从厂家批发货物，如果厂家无法提供货物，损失也通常由厂家承担。

③商品质量有保障。能保证自己拿到的是原厂生产的正品，可以从源头控制自家商品质量，从而提高店铺竞争力。其次就是货源稳定，可退货或者换货。

例如，某企业需要采购一批服装，首先需要根据市场调研结果确定大致商品用户画像，然后根据商品用户画像结合工厂所在位置、工厂信誉选择合适的工厂，与工厂协商确定采购合同，支付定金，工厂会根据生产计划指令，下达采购订单，跟踪原料供应商交付，材料到货办理相关入库手续，开始生产，最后在商品生产完成后工厂会第一时间交付货物。

2. 批发市场采购

批发市场采购渠道，就是通常所说的从实体店采购货物。其优势如下。

①可以直观了解商品的情况。采购商与供货商需要面对面进行交易，可以直接看到商品的实际情况，挑选商品。且不论是商品的质量还是外观等都可以在进货的时候进行检查，确保了商品的可靠性。

②可以建立较为友好的合作模式。因为是面对面交易，采购商和供货商之间需要保持较为诚信和可靠的合作模式，不用担心采购的商品以次充好。

从批发市场采购商品的劣势是进货所需的成本较高，采购挑选货物时间较长，效率较低，尤其是采购的实体店或者批发市场处于异地，运输商品还需要一定的时间并且产生相应的运输费。同时针对不同的地区，在物流配送上也可能会存在一定的差异。另外，可供选择的商品种类也有一定的限制。

3. 熟人介绍资源

熟人介绍资源即通过熟人介绍找到合适的货源，或者直接从熟人的工厂、批发商铺进货。一般而言，其优势在于价格低、对方可靠、取货便捷，容易达成长期合作关系，减少很多麻烦。例如，小张想在网上开一家服装店，他想到自己的叔叔刚好在做服装生意，在一番询问和协商下，双方很快对销售相关事宜达成一致。叔叔还让小张去自己的工厂实地参观，保证第一时间向小张提供货物，并提供免费运送服务，定做的服装价格也较低。

4. 成为品牌代理商

有很多品牌代理商能够代理销售各类商品，可以根据自己网店销售情况，与品牌商户合作，向其采购。一般来说，代理商的商品质量可靠、货源充足。例如，小张资金充足，想要开一家品牌口碑较好的服装店。经过一番搜寻后，他找到某知名服装品牌商户，成为旗下代理商并与其达成货源供给协议。

5.网上采购

网上采购即通过浏览各种批发网站寻找合适的货源。

1）优势

①网上采购可以结合顾客及商家推荐。传统渠道进货选款需要靠自己的眼光、老板的推荐、顾客的反馈。相比之下，网上采购不但同时具有这三种依据，而且顾客的反馈来源更广、更及时，补货也更快，补货的附加成本更少。

②可以在短时间了解市场所需。如服装行业，服装款式新、紧跟潮流很重要。网上没有空间距离限制，可以很快掌握最新的流行款式。

③网上采购减少了不必要的开支。网上采购可以节省大量的路费和住宿费，节省大量时间成本，减少进货附加成本。

④在采购时间上没有限制。网上采购不受时间限制，可考虑的时间较长。

⑤网上采购避免了中间商赚差价。

2）网上采购各方关系图

通过图3-1可以看出，第三方平台仅仅作为接口端，相比于传统采购模式，网上采购绕开了批发市场的中间商，可以实现直接从厂家进货。例如，一个商家寻找服装货源，可以利用网站搜索并找到当下服装流行趋势，同时了解顾客和其他商家对此类服装的看法，在找到合适的服装货源后可以选择当即采购或先去该类服装批发市场考察后在线下采购，这样缩小了选品范围，节约了线下考察的时间，货源的寻找更便捷。

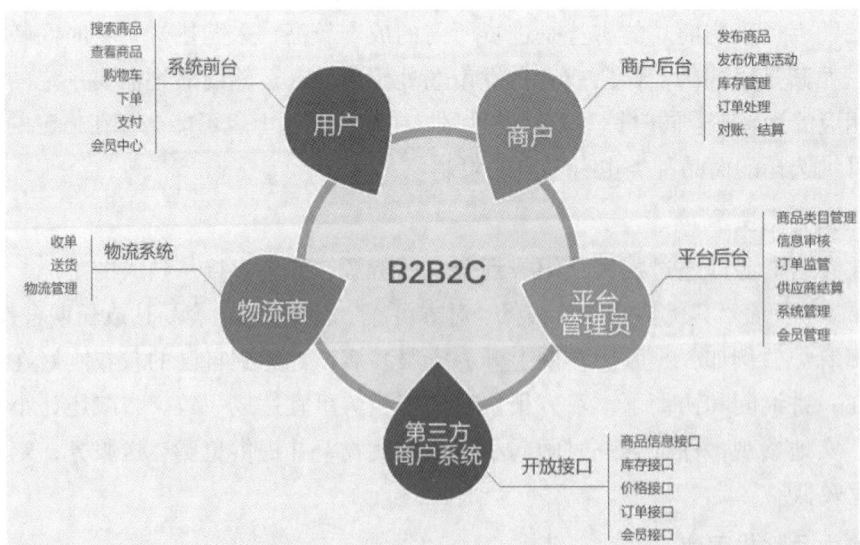

图3-1　网上采购各方关系图

3.1.2　选品原则与风险规避

1. 选品原则

选品原则包括选择刚需商品、选择高毛利率商品、选择旺季商品、选择生命周期长的商品、选择质量有保障的商品。

1）选择刚需商品

选择刚需商品即选择带有刚性需求的商品。简单来说，消费者对商品功能性的需求高于对商品外观、颜色、尺寸等外在的追求，这种商品称为刚性需求商品。以螺丝刀为例，该商品属于刚需商品，消费者对该商品功能的需求大于对款式和外观的需求，一般不会有人特别在意螺丝刀的颜色是黑色还是黄色。选择商品时，必须考虑消费者的想法。如果商品选择是基于生存和生理需求这两个方面，那么商品就会接近具有刚性需求这个特性。不断向选择刚需商品这个原则靠近，客群会逐渐变大，相对容易打造"爆款"。

2）选择高毛利率商品

毛利润的计算公式如下。

$$毛利润 = 营业收入 - 营业成本$$
$$毛利率 = 毛利润 / 销售额$$

想要提高营业额，需要选择毛利率高的商品。由以上两个公式可以得知，提高毛利率可以通过增加商品价格，降低商品的生产成本，也就是选择目前市场成本不高，而销量大、售价高的商品。同时毛利率指标具有明显的行业特点。一般说来，营业周期短、固定费用低的行业的毛利率水平比较低；营业周期长、固定费用高的行业，则要求有较高的毛利率，以弥补其巨大的固定成本。所以要尽量选择为店铺带来长期收益的商品来弥补开设店铺带来的成本。

3）选择旺季商品

旺季商品流量巨大，推广难度小，容易打造"爆款"。一旦形成销量规模，平台会呈指数地为商家分配流量。商家根据季节、节假日特点选择商品，需要在不同季节、节假日之前的当季，选择即将发布的商品；可以用节假日相关的关键词搜索，查看市场容量情况，从新品和老品的上位比例判断出这个类目的商品是否有机会成为"爆款"。

旺季商品的推广节奏很重要，过早过晚都会错过时机。除了要分析销售前 50 名的同类型商品之外，也要去查看那些排名不高的商品，观察这些商品的发布时间、起量时间、价格区间，以及这些商品店铺里老品前一年的发布时间、起量时间、价格区间等，最后总结这些店铺商品爆火或没爆火的原因。这样的分析可以让我们在即将发布一款商品时把握商品的备货数量、发货时间及发布时间。

注意严谨备货，即使销量超过预期也要谨慎补货。节日性商品通常只能卖一两个月，节日后就要等下一年才能起量继续卖，但是下一年是否能起量也是未知数。如果库存积压，会导致净利润不理想。

4）选择生命周期长的商品

商品在投入市场后，大体上都会经历探索期、成长期、成熟期和衰退期这四个阶段。在探索期最重要的是认识哪些是目标用户人群，要考虑为了与这些用户互相适应，如何优化商品；到了成长期，商家已经对用户有了一定的了解，此时很关键的一点是将该款商品的有效用户集中起来；成熟期往往是一款商品价值爆发的阶段，此时用户的活跃度、增值付费的能力都会达到峰值；不可避免地，成熟期过去后，商品会迎来衰退期，此期间，有的商品会因为热度消失而衰退，有的商品可以持续存活到下一个周期。由此可见，只有生命周期足够长，商品才有持续热销的可能，否则会陷入滞销。

5）选择质量有保障的商品

质量是一个商品重要的特质，质量好的商品会给用户带来满意的购物体验。从用户角度出发，质量好的商品使用起来省时、省心、省力，相比于便宜但质量差的商品，用户更喜欢花钱买省心。其次，享受高品质的商品，可以为用户带来精神上的愉悦感，从而获得良好口碑，打造品牌效应。

2. 选品应规避的风险

选品应规避的风险包括品牌侵权问题、图片侵权问题、专利侵权问题、安全认证问题、供应链问题、运输问题等。

1）品牌侵权问题

避免品牌侵权，可以从以下几点出发。

①了解知识产权法律法规。在进行选品之前，商家需要了解知识产权法律法规，包括商标、专利、版权等方面的法律法规。只有了解了相关法律法规，商家才能够避免侵犯他人的知识产权，并保护自己的权益。

②使用专业的知识产权查询工具。在进行选品之前，商家可以使用专业的知识产权查询工具，查询相关的商标、专利和版权信息。这样可以避免商家在选品过程中侵犯他人的知识产权。

常见的知识产权查询包括商标查询、专利查询、版权查询，可以使用中国商标网、美国专利商标局（USPTO）等平台进行商标查询。

③注意选品的品牌和包装设计。在进行选品时，商家需要注意选品的品牌和包装设计，以避免侵犯他人的知识产权，注意品牌的相似度，注意包装设计的相似度。

④了解知识产权保护机制。在避免侵权问题的同时，商家也需要了解知识产权保护机制，以保护自己的知识产权。

例如，小张在选品时，想要引入一些知名品牌的家居产品，但他并没有充分了解这些品牌的授权政策。他采购了一批商品，并将它们发布在店铺中。不久后，他收到了一封来自某品牌公司的律师函，指控他侵犯了其知识产权。应对方法：小张立即停售相关商品，与品牌公司协商并道歉；然后主动寻找授权渠道，确保以合法的方式销售品牌商品，以避免未来的侵权问题。

2）图片侵权问题

避免图片侵权，可以从以下几点出发。

①确认图片来源。发布之前，建议提前确认货源商家是否有属于自己的品牌专利，仔细检查各大网站，确认没有任何侵权问题再发布。尤其是热门图片、元素，虽然自带一定的流量，但并不能在无图片版权的情况下使用。同时也需要及时规避容易导致侵权的相关作者以及网站，防止店铺被冻结。平台在检测图片侵权时，一般采用的是关键词检测或者"以图搜图"的方式，一旦发现商家发布含有相关侵权图片，就会对店铺发出警告。

②定期排查。对于发布后的商品，建议商家排查图片是否出现了某品牌的设计，有条件的也可以配合平台系统的侵权图库以及侵权单词进行筛选。常用的图片侵权自查有 3 种方式。

检查图案设计。检查商品的图案设计，发布前需要确认清楚是否已经授权；检查拍摄角度、方式，检查同行或者对标店铺，是否拥有类似的拍摄角度或者相似的拍摄背景；检查商品图片内的其他图片，除了商品图片本身之外，图片内含有的其他图片、元素也需要商家仔细确认。

例如，在店铺装修过程中，小张使用了一些在线上找到的图片，而没有注意到它们可能涉及的版权问题。不久后，他收到了一名摄影师的投诉，指责他使用了未经授权的照片。应对方法：小张立即删除侵权图片，向摄影师道歉并支付一定的赔偿。为了避免此类问题，小张应使用经过授权的图片素材。

3）专利侵权问题

避免专利侵权，可以从以下几点出发。

①选品之前先检索。在经过市场调查之后，可以基本确定选品的方向或者商品种类，这时候可以对这一类的商品进行专利检索，通过检索报告能够确定市场中有哪些商品，商品发展趋势如何，哪些商品有专利保护。

②选品中进行规避设计。有了检索报告，可以基于检索的情况，来确定选品。这时候往往会出现某一商品的市场存在很大的需求或者潜在需求，但是这个商品有专利，而专利权人是其他公司或者是竞争对手，无法直接通过授权的方式拿到这个专利的独占许可。面对这种情况，可以通过规避设计的方式，绕开这个商品的专利。规避设计是为规避专利保护范围来修改现有设计，在设计思路上利用不同的构造来达到相同的功能，避免侵犯他人权利。换言之，设计出相似，但是又有差异的商品。

③选品之后申请相关专利。在确定选品之后，要第一时间申请专利，得到授权之后不仅能够防止该选品被抄袭，还能从法律层面确定选品不会侵犯其他人的权利。

4）安全认证问题

不同的商品类目安全认证标准不同，在选品时需要咨询相关标准。

5）供应链问题

供应链需要满足以下条件。

①货源稳定。货源稳定通常是指有现货，能够稳定供货，至少不会出现不可控的长时间断货或者缺货情况。

②价格稳定。供货价决定商品定价，定价和供货价共同决定了利润。供货价格相

对稳定，在财务核算和商品运营过程中能节省大量成本和精力。而在选品采集的时候，同样的商品，在不同供货商都有供货的前提下出现低价，往往是因为此商品在降价促销，等真正出单时，供货价可能已经发生改变。

③时效稳定。时效对于电商来说十分关键，发货速度直接决定买家体验，间接影响好评率和店铺评分。在供应链中，时效来自供货方的备货时效和物流的运输时效，想要把控较为困难。

例如，小张开始从一个新的供应商采购家居产品，但很快发现这家供应商的问题，有时交货延误，有时产品质量不达标，客户开始投诉。应对方法：小张决定与不可靠的供应商解除合作，并寻找更可靠的供应链合作伙伴，他也开始建立供应链管理策略，以确保质量和交货准时。

6）运输问题

运输问题主要有以下几点。

①货品在转运过程中会出现损坏或丢失的情况。特别是货品运输至海外，需要经过多次中转。中转的过程中是非常容易出现问题的，包括暴力分拣、中转丢失、恶劣天气造成货品损坏等。

想要减少在运输途中出现问题，商家需要选择靠谱的物流公司，最好选择能为商家提供专属智能物流服务、上门揽收服务，全流程后台自动化的物流公司。

②包装在转运过程中极易出现变形、破损，因此包装要尽可能符合商品的形状，减少包裹中的空隙，可以多垫一些泡沫、气泡袋。如果存在易碎物品，易碎标签就是必不可少的。不同的商品，包装方式也存在差异，有的商品需要打木架和木箱，商家也要做好准备。在包装方面过度降低成本，商家的损失可能会更大。

小张是一位有抱负的年轻电商创业者。他梦想着在美食领域创办一家独特的在线食品店，他对当地特产的手工巧克力情有独钟。小张决定将这种手工巧克力引入自己的店铺，但他在进货时遇到了一些困难，小张发现这种手工巧克力的供应商非常有限，而且分散在不同的地理位置。他需要精心策划物流，以确保巧克力能够及时送达，同时保持其新鲜度。小张深知巧克力的品质对于客户满意度至关重要，他与供应商建立了紧密的合作关系，确保每一批巧克力都符合高品质标准。小张了解到在食品业务中需要采用合适的包装，他积极与当地食品包装公司合作，确保包装能防止食品受压。小张的坚韧和创业精神帮助他克服了起初的困难，建立了一家备受欢迎的在线手工巧克力店。

3. 不同平台选品侧重点

1）淘宝平台

淘宝店铺的选品侧重于利润高的商品、快消商品、虚拟商品。

①利润高：商品利润至少要达到30%。若商品在运输途中出现损坏、丢失，或出现错发、漏发现象，赔偿消耗的金额可能会导致商品总利润受到重创，选择利润高的商品则可以降低赔偿金对商品总利润的影响。

②快消商品：如化妆品、食品、酒水等，由于商品使用时消耗较快，容易被用户

反复购买，进而拥有可观的销量。可以选择具有品牌效应的快消商品，在高利润的基础上仍保持可观销量。

③虚拟商品：虚拟商品不需要进货、发货，不会像实体商品在运输过程中出现破损，大大节省了物流成本。虚拟商品可重复售卖，商品成本非常低，净利润高。虚拟商品可以做到自动、瞬间发货，购物体验好，节约人工成本。

2）抖音店铺

抖音店铺的选品侧重于高颜值、适用人群广、发货速度快的商品。

①高颜值：抖音店铺作为主要以直播、短视频方式推广商品的商城，需要在流量的加持下提高销量，高颜值的商品在直播、短视频中容易吸引用户，促使用户购买。例如，小明是一位美妆博主，他在抖音上直播推广高颜值的美妆产品。他选择了一款豪华的限量版口红作为焦点商品，如图3-2所示。在直播中，小明首先展示了口红的外观，这款口红采用精美的金色包装，上面镶嵌着闪亮的钻石。这款高颜值的口红立即吸引了观众的注意。他详细介绍了口红的质地，讲述了它的滋润度和持久度，以及如何轻松涂抹。小明展示了口红的不同颜色和每种颜色在不同肤色上的效果。他分享了自己的使用体验，包括感觉和口红的表现。小明强调这款口红是限量版的，只有少量库存。结果，许多观众被这款高颜值的口红吸引，加上小明的专业介绍和演示，他们决定购买这款产品。

图3-2　口红产品

②适用人群广：抖音用户遍布各个年龄层面和社会不同阶层，选品时需要综合考虑商品的适用人群和适用场景，满足大部分人的需求。若商品适用范围过于局限，如汽车行业的专业修理工具，大部分用户不需要，销量会比较差。

③发货速度快：抖音店铺发货的标准是24小时内揽件、48小时内发货。如果选

择的商品厂家发货时间较慢，需要慎重考虑，及时更换合作厂家。发货速度影响店铺体验分，超过规定时间会被扣保证金。

3）拼多多

拼多多的选品侧重于低成本、高销量，源头进货，低运输费用的商品。

①低成本、高销量：拼多多商家在选品前需要及时查看行业价格动向，以及定价分析，仔细研究商品价格位于哪个区间竞争小、销量高、利润率高。

②源头进货：拼多多商家需要建立足够大的成本优势，尽可能地压低成本，而又不能以次充好，可以从商品源头拿货。商品源头的价格在商品市场价格中最低，可以通过线下原厂进货或者在线上批发平台进货。

③低运输费用：由于拼多多商家主要通过低价高销量获取利润，所以运输费用相对于整个商品成本占有较大份额。要降低运输费用，选品前需要审查该商品运输的相关规定，分析运输途中可能出现的风险、所需的运费和为防止商品损坏所需要的包装费用，综合考虑后再做选择。

4）小红书

小红书的选品侧重于高颜值、高品质、仪式感强、新奇有创意的商品。

①高颜值：小红书以女性用户为主，且商品大多通过笔记分享推广，高颜值的商品拍照效果好，可以吸引大量用户，获得大量流量，有利于商品推广和销售。

②高品质：在小红书购买商品的用户一般对生活品质有一定的追求。高品质的商品符合这类用户的心理预期。如果商品价格低但是品质不高，商品推广笔记中的亮点较少，就无法吸引用户。

③仪式感强：能增添生活仪式感的商品，如香薰、香氛、花瓶、摆件等，可以在拍照时拍出较好的效果，真实展现有情调的生活，引起用户兴趣，提高用户购买率。例如，小张是一家销售香薰产品的小红书店主，他知道小红书的用户喜欢分享自己的生活方式和情调，因此他选择销售高品质香薰产品，如图3-3所示。

图3-3　香薰产品

此类产品不但外观精美，而且气味令人感到愉悦。他在小红书上分享了使用香薰产品的感受，发布了一系列美丽的照片和视频，展示了在家中点燃香薰和在工作空间中使用香薰产品的情景。小张鼓励他的粉丝参与互动，分享他们自己使用香薰产品的照片和故事。他为每款销售的香薰产品创建了详细的商品笔记，包括如何使用、气味描述、品牌背景等。结果，小张的香薰产品在小红书上获得了很大的关注。他的粉丝分享了许多生活情景照片，展示了这些产品是如何增添他们生活的仪式感的。这个案例强调了高品质、有情调的商品是如何在小红书上通过精美的展示和与用户互动促进销售的。

④新奇有创意：新奇有创意的商品可以满足用户的猎奇心理，从而提高商品关注度和购买率。如造型奇特的手工制品、少有人见过的水果、地域特色食品等。

3.1.3　商品定价

商品定价在网店运营中具有重要意义，它不仅直接影响到企业的盈利能力，还关系到市场竞争、品牌形象和客户满意度。

1. 商品定价原理

价格通常是影响交易成败的重要因素，尤其是在电商平台的商品定价，既要考虑在运营环节中需要支出的各项推广费用，也要考虑合理的利润空间，还要考虑平台补贴及活动所需要的合理价格区间。只有定价合理才能带来可持续的推广和良性运营所需的利润空间。

在传统思维框架下，商品定价一般要考虑如下几个维度。

1）运营成本

运营成本包含人工、房租水电、仓储运输以及办公用品等的各项成本费用。

2）商品成本

商品成本包含商品生产出来所需要的各项成本。例如，服装成本包括面料费用、辅料费用、加工费等各项支出。

3）竞品状况

竞品状况主要考虑竞品的定价，如果品质相差不大，商品价格比竞品高出太多显然没有竞争力。所以需要参考竞争对手情况做出调整。

4）利润空间

合理的利润回报才能为下一步的发展提供必要条件。利润太低会导致由商品运送失误形成的成本无法被忽略，造成麻烦。一般控制利润率为30%。

2. 商品定价公式

按照对商品交易的一般理解，抛开平台因素来看，定价 = 成本 + 利润，利润 = 期望利润率 × 成本。例如，小李经营一个家居用品的电商店铺，他想要发布一款沙发套装，这个产品的采购成本是2000元，根据市场调查，类似产品的期望利润率是40%。因此，他采用成本加成定价策略，计算定价如下：成本为2000元，期望利润率为40%（即0.4），根据成本加成定价公式，定价 = 成本 + 期望利润率 × 成本，定价 = 2000 + 0.4 × 2000 元 = 2800 元。所以，小李可以将沙发套装在电商平台上定价为2800 元。当然，他还需要考虑市场需求、竞争对手的价格、产品特性等因素，以确保定价策略的合理性和市场竞争力。

如果商家需要通过发放优惠券等活动吸引用户，使用优惠券后的价格才是最终交易价格，所以可以得出：定价 = 成本 + 利润 + 店铺优惠券金额。

而在电商平台，商品定价规则较为复杂。平台会制定佣金率，商品的最终成交金额 × 佣金率 = 佣金费，平台会向商家收取佣金费。表 3-1 为淘宝平台某交易记录。

表 3-1　淘宝平台交易记录

商品数	商品单价 / 元	订单状态	最终成交额 / 元	商品佣金比例	佣金总收益 / 元
1 件	458	订单成功	239	5%	11.95
1 件	25	订单成功	10	15%	1.5
1 件	25.8	订单成功	10	10%	1
1 件	145	订单成功	145	20%	29
1 件	198	订单成功	198	1%	1.98

佣金费也应当算在最终定价里。这里用成本与利润之和代替最终成交金额进行估算。

电商平台商品定价可用如下公式估算：

商品的定价 =（成本 + 利润）×（佣金率 + 1）+ 店铺优惠券金额

而电商需要的成本 = 运费 + 商品进价，将其代入可得到总公式如下：

商品的定价 =（运费 + 商品进价 + 利润）×（佣金率 + 1）+ 店铺优惠券金额

3. 商品定价技巧

商品具体定价可以根据商品特点和价格段位制定。

1）根据商品特点定价

（1）个性化商品。

对于个人 / 企业独家设计制作，具备独特功能、艺术效果，与市场大部分同类型商品有较大不同特点的商品或市场上较为少见的创新类商品，在市场中竞争对手较少，可以不完全按照市场价格和成本定价，可以参考高端商品价格定价。例如，一款设计较好、容量较大但看上去较小的包，相较于市场上的大体积背包具有明显竞争优势，可以将定价抬高一个档次。

（2）功能性商品。

功能性商品，即同质化商品，一般属于刚需商品范畴，如食品、家电、服装等。该类商品大多具有相同的特性，区别相差不大，市场竞争激烈，对此类商品的定价需要根据市场情况综合分析。可以在电商平台搜索相关商品，如护眼灯具，搜索后可以看到平台购买人数最多的价格区间，如图 3-4 所示。

图 3-4　护眼灯具价格区间

可以看到 60% 的用户选择了 82 ～ 285 元这个价格区间的产品，在此范围内根据商品成本、运输费用、利润等确定价格。

2）根据价格段位定价

根据所选商品的成本，先用商品定价公式或上述根据商品特点定价的方式估计出其售价范围，例如，某类型外套售价范围是 70 ～ 270 元，将售价范围分成不同段位，如分成 70 ～ 110 元、110 ～ 150 元、150 ～ 190 元、190 ～ 230 元、230 ～ 270 元五个段位区间，在平台上搜索 70 ～ 270 元价格范围内的同种类商品，并根据分好的价格段位选取样本，如选取 80 元、140 元、175 元、210 元、265 元五个价格，在每个价格下各自选择五个样本，记录五个样本的商品销量，计算各自价格下商品销量的平均值。根据总利润 =（样本售价 - 成本）× 销量，计算出总利润，选取总利润最大的样本所在的商品价格段位进行定价。（如表 3-2）

表 3-2　定价分析

价格区间 / 元	70 ～ 110	110 ～ 150	150 ～ 190	190 ～ 230	230 ～ 270
成本 / 元	60	60	60	60	60
样本售价 / 元	80	140	175	210	265
销量 / 元	5000	2000	1800	1200	700
总利润 / 元	100000	160000	207000	180000	143500

将表 3-2 中的数据绘制成折线图，如图 3-5 所示。

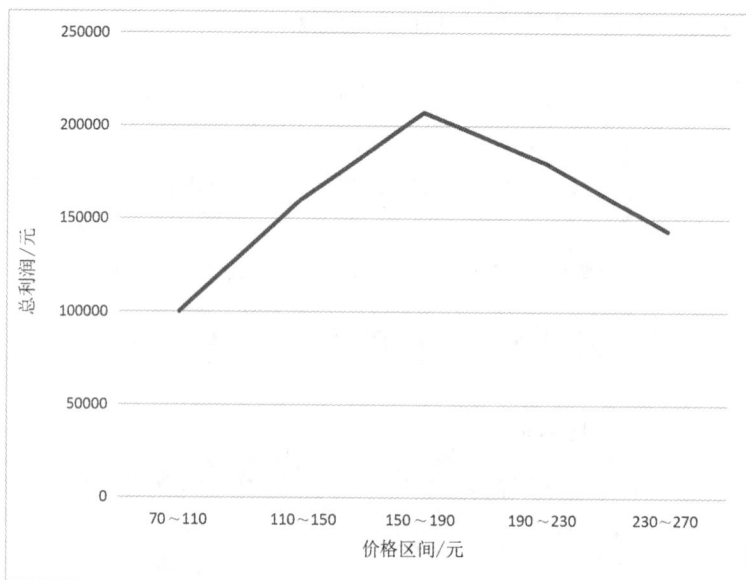

图 3-5　定价分析

由此可以选择最佳定价区间为 150 ~ 190 元。

3.2　网店商品发布

店铺商品发布前需先了解店铺商品发布规则，店铺商品发布规则是指商家通过平台的商家后台，将商品信息发布到平台线上仓库或商品转为出售状态时需要遵守的平台规则。

3.2.1　平台规则对店铺运营的影响

1. 对淘宝店铺运营的影响

淘宝规则对淘宝店铺运营的影响主要包括对商品标题设计、商品属性填写、商品主图设计的影响。

1）商品标题设计

①标题需要限制在 30 个汉字（60 个字符）以内。

②标题不得带有违规内容，不能出现涉及政治等敏感话题的词汇。标题不得带有欺诈、夸大宣传的内容。

2）商品属性填写

必须填写完整的商品参数，包括商品型号、大小、类目、属性等各方面信息。

3）商品主图设计

①第一张主图需要上传商品实物图，图片不能带有边框和水印；不可以有任何

拼接。

②图片上不能带有促销相关文字。图片中展示的只能是单个的商品主体，不能出现多个主体。

③注意 logo 的标注，并固定其大小比例。

④需要选取图片质量高的商品图片，不能出现模糊、残缺不全的情况。

⑤主图和实际描述不得出现偏差。主图改动过大和商品描述不符等问题，都可能会影响到商品权重。

例如，设计某品牌运动鞋的第一张主图为商品实物图，图片清晰，无模糊和残缺，无边框和水印，无促销相关文字，只展示单个商品主体，固定 logo 标注，保持 logo 大小比例。

具体设计要点如下。主图设计可采用亮色背景，整体布局简洁明快。以该品牌运动鞋为主体，侧面展示鞋子的整体外观和细节，突出产品质感和设计风格。鞋子的颜色鲜明，线条流畅，搭配清晰的细节展示，展现出产品的专业性和品质保证。在主图的右下角以适当大小标注品牌的 logo，使其与整个设计融合并保持固定比例，提升品牌识别度。该主图经过高质量的拍摄和后期处理，确保图像清晰、细节丰富，没有模糊和残缺的情况。整体设计与实际描述一致，展示商品的真实特性。

2. 对抖音店铺运营的影响

1）商品类目选择

要正确选择商品类目。发布的商品要与其所属类目一一对应。如果乱选类目会违反平台规则，有被扣除保证金甚至是封店的风险。

2）商品标题设计

①抖音店铺发布商品标题应包含品牌、品名、基本属性、规格参数等。

②标题不能有其他品牌信息，不能用"国家级""第一""全网最"等极限词，否则商品审核不通过。

3）商品主图设计

①商品主图不能有除了该商品品牌 logo 以外的任何文字或水印。

②主图尽量包含商品的多个细节，正面、侧面、背面等。

③主图里如果能反映商品数量和颜色，尽量和商品规格中的信息保持一致。

4）品牌资质

如果是旗舰店、专卖店等，需要提供品牌资质。如果是普通店铺，若商品需要品牌资质，则需要提交资质。

3.2.2　商品发布基本流程

商品发布的基本流程可以分为以下几个部分。

1. 选择发布平台

根据自身情况、商品定位和目标用户，结合相关电商专业知识选择合适的平台。

2. 准备商品信息

商家需要准备商品的图片、描述、价格、规格、库存等信息，并确保信息的准确性和完整性。

3. 上传商品信息

商家在平台上注册账号，登录后进入商品发布页面，按照要求填写商品信息并上传商品图片。

4. 审核商品信息

平台会对商家上传的商品信息进行审核，审核通过后商品才能正式发布销售。

5. 优化商品信息

商家可以通过调整商品描述、价格等信息来提高商品曝光率，增加销售量。

3.2.3 商品发布经验规则

除一般规则之外，还有开设店铺经验规则，分别是注意属性设置、注意颜色选择设置、注意商品详细描述。

1. 注意属性设置

①发布商品时，要注意商品是否有两款及以上的不同型号，是否存在不同的适用情况。为了避免分歧，可以在标题上标明型号以及各自的适用情况。

②要特别注意存储类商品，如内存条、固态盘等，因为存储类商品有系统文件存在，实际内存会比描述得小，可以在商品描述上说明，避免之后可能会产生的纠纷。

2. 注意颜色选择设置

①如果商品有多个颜色款式可供选择，要设置多选项。

②如果允许商品自选颜色、自定义图片，可以分别使用不同颜色、风格的实物商品图片展示。

3. 注意商品详细描述

①尺寸对照表：如服装类商品，要附上尺码对照表。如果有尺寸误差，可标上尺寸误差范围。

②色差：需要写明显示器或拍摄光线等不可抗力导致的图片与实物颜色差别。

③多件商品：若商品有不同的尺寸，需标明其中包含的尺寸和数量。

3.2.4 商品发布常见问题

商品发布常见问题如表 3-3 所示。

表 3-3　商品发布常见问题

序号	常见问题	处理方式
1	发布商品时，选择好分类后，在标品页面输入品牌/系列/型号，没有查到所需标品	在当前页面选择"前往申请"，向平台提出相关申请

| 2 | 发布商品页属性缺少，缺少该商品的准确材质等 | 在当前页面选择"点击反馈"，在新页面中填写内容并提交申请 |
| 3 | 发布商品或填写属性时，提示：出于监管要求，经营该类目下的商品需要审核以下任一资质…… | 前往商家管理后台，进入店铺管理，找到店铺信息，上传所需资质。若资质上传通过，需要检查商品是否在资质有效期、有效范围内 |

【课外拓展】

（1）标品的定义。

如果通过商品的关键信息（如品牌和型号）可以定位到具体商品，且这个商品的属性是明确、符合标准的，那这个商品可以称为标品。也就是说，标品建立在属性的基础上，是属性的集合体。

（2）标品的作用。

标品是自带属性的，其携带的属性视类目、商品及获取的信息不同而有所不同。

当商家选择标品的关键信息，页面会自动填充平台维护的属性信息，从而缩短商家填写属性信息的时间；同时，也能帮助商家规范发布商品，避免因填写的属性信息不当而导致商品信息错误。

【实训演练】

实训背景

小王是一位电商新人，经过市场调研与分析，他决定在抖音平台上开店经营服饰类商品。他已经完成了店铺入驻，需要完成选品、选择合适的货源渠道、完成商品定价及发布。目前正值冬季，春节即将到来，他需要选择既注重保暖功能，又兼顾时尚感和款式多样性、突出节日氛围的服饰类商品。小王的店面在北方某市中心，附近没有批发市场，工厂距离他所在的城市较远，但他认识很多工厂老板。虽然附近没有批发市场，但小王可以考虑通过互联网寻找其他城市或地区的批发市场，与供应商进行合作。请你为他选择合适的商品及货源，并完成定价等一系列操作。

实训要求

①根据背景内容完成货源渠道的选择和选品大致范围的确定。

②为选好的商品定价，并将商品发布到平台上。

将结果记录在表3-4中。

表3-4　选品信息

货源渠道	选品	定价

✏ **【复习思考】**

一、单选题

1.（　　）不是商品生命周期包含的阶段。

A. 探索期　　　　B. 成长期　　　　C. 成熟期　　　　D. 末期

2.（　　）不属于抖音店铺选品的侧重点。

A. 仪式感　　　　B. 适用人群广　　C. 发货速度快　　D. 高颜值

3.（　　）不属于网店选品原则。

A. 选择刚需商品　　　　　　　　B. 选择个性商品

C. 选择高毛利率商品　　　　　　D. 选择旺季商品

二、多选题

1.（　　）是向工厂采购商品的优势。

A. 直接采购的成本最低　　　　　B. 工厂货物充足

C. 商品质量有保障　　　　　　　D. 可以在短时间了解市场所需

E. 可对比多家

2.（　　）是淘宝店铺选品的侧重点。

A. 利润高　　　　B. 快消商品　　　C. 虚拟商品

D. 颜值高　　　　E. 娱乐性高

3.（　　）属于选品应规避的风险。

A. 品牌侵权问题　　B. 图片侵权问题　　C. 专利侵权问题

D. 安全认证问题　　E. 选品的平台

三、判断题

1. 消费者对商品功能性的需求高于对商品外观、颜色、尺寸等外在要求的追求，这种商品称为刚性需求商品。（　　）

2. 从批发市场采购商品所需的成本较低，并且采购挑选货物时间较短，效率较高。（　　）

3. 淘宝店铺商品标题需要限制在30个汉字（60个字符）以内。（　　）

四、简答题

1. 简述商品发布的基本流程。

2. 选品供应链需要满足哪些条件？

项目 4
网店装修

◎ 【知识目标】

1. 熟悉网店装修的风格类型。

2. 了解网店装修配色组合。

3. 了解网店装修工具的种类及其用法。

◎ 【技能目标】

1. 能确定网店装修风格。

2. 能熟练使用网店装修工具。

3. 能完成抖音店铺的装修。

◎ 【思政目标】

1. 具备网店装修的创新意识。

2. 能认识到智能化装修的重要性，加强数字化创新意识。

⊙ 【案例讨论】

小张是一位电商新人，经过市场调研与分析，他决定在抖音店铺开一家潮流男装店。他已经完成了选品与店铺的开设，但他的店铺过于单调，导致虽然进行了大力宣传，但用户停留在店铺界面的时间很短，购买数量较少。在听取了有经验的电商朋友的意见以后，他想要对店铺进行装修。

◎ 思考

他应当从哪几个方面确定网店装修风格？他有哪些风格可以选择？

4.1　网店装修风格与配色

网店的装修风格是顾客的第一印象，一个专业且吸引人的设计可以立即引起顾客的注意，独特的装修风格有助于建立品牌识别度，使顾客能够快速识别并产生记忆。

4.1.1　网店装修风格

在网店的装修中，主要应用的店铺风格有简约风格、清新风格、轻商务风格、卡通风格、时尚风格、传统风格、复古风格等。

1. 装修风格的类型

1）简约风格

简约风格的网店装修，一般使用大面积的留白和纯色调，强调页面排版的整齐划一和信息的简洁明了。使用简单、清新的色彩，突出店铺的内容，以便用户可以轻松获取信息，使用户体验更加舒适。图4-1所示为某品牌防晒衣详情页，图中以蓝色为背景，文字颜色为黑色，排版使用上下排版和左右排版。全图色调较少，页面排版简单自然，商品信息一目了然，给人简约、轻松的感觉。

2）清新风格

清新风格是一种以清新、自然、舒适为主要特点的装修风格。这种风格的店铺布局简洁明了，色彩清新淡雅，字体简单大方，图片充满自然元素，整体效果清新自然，营造出一种和谐的氛围。清新风格适用于食品、保健品等产品网店；在某些特定的行业中，如女性用品、家居用品等，清新风格的网店通常更加受到消费者的欢迎。图 4-2 所示为某款香水详情页，背景色为清新的绿色，排版主要为上下排版，图片中以具有自然元素的干花作为点缀，给人一种舒适、清新的感觉。

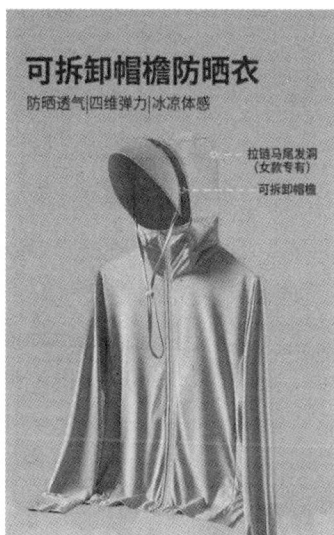

图 4-1　简约风格

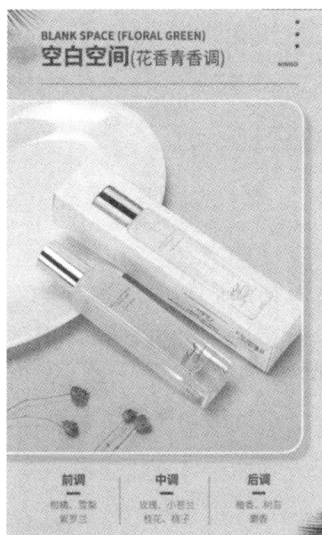

图 4-2　清新风格

3）轻商务风格

轻商务风格是一种以专业、正式为主要特点的装修风格，但又没有传统商务风格的严肃感。这种风格的店铺布局通常更加整齐、简洁，色彩相对稳重，强调专业性和信任感，字体通常较为工整，图片呈现更注重产品细节和功能性。

对于面向年轻白领、办公人群的网店，采用这种装修风格比较合适。图 4-3 所示为某款轻商务风格服装的布料细节详情页，图中使用 Arial 字体，使用蓝色粗曲线做装饰，色彩选择稳重大气。图片背景色为灰色，使用视频播放页面作为框架，下方文字为斜体，右侧加入条码元素做装饰，整体看上去极具商务风。

4）卡通风格

卡通风格是一种以可爱、活泼、生动为主要特点的装修风格。这种风格的店铺布局生动、色彩鲜艳、字体多样，图片充满卡通元素，整体效果可爱活泼。卡通风格适用于儿童用品、玩具、礼品等产品网店。图 4-4 所示为一款毛绒玩具的细节展示详情图，图中标题为幼圆体，活泼可爱，排版使用圆角矩形框架上下排版，在保证信息一目了然的情况下增添了趣味性，整体画面给人一种可爱活泼的感觉。

图 4-3　轻商务风格

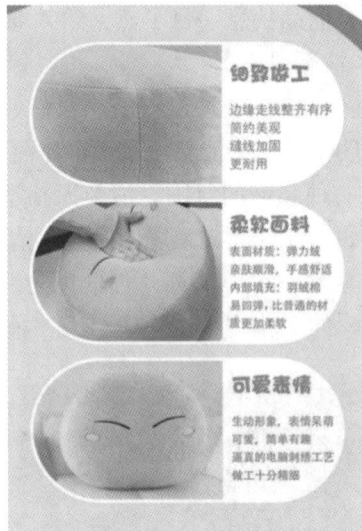

图 4-4　卡通风格

5）复古风格

复古风格的店铺布局多样化，色彩偏暗，字体古朴，图片充满古典气息，整体效果文艺，营造出一种古朴、怀旧的氛围。这种风格的网店在某些行业中比较受欢迎，如文化产品、收藏品等。图 4-5 所示为某款毛笔的商品详情图，图片背景色调偏暗，背景中有笔墨纸砚等古典元素；商品图片为上下排版，背景为淡灰色，字体使用宋体，竖行排列，画面整体充满古朴气息。

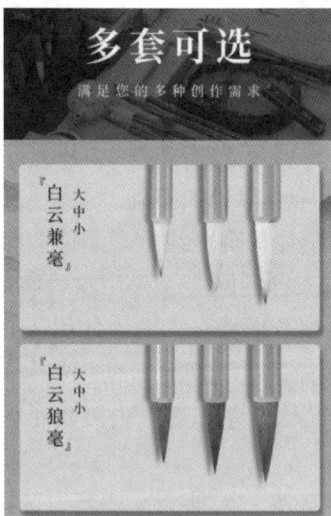

图 4-5　复古风格

2. 装修风格的确定

确定装修风格主要从市场、产品、竞品、买家群体、个人兴趣爱好五个方面入手分析。

1）市场

可以通过市场分析，了解某种特定风格的发展现状和趋势，根据市场情形来判定这种风格是否有发展前景和竞争空间。例如，随着汉服文化的流行，衍生出古风、中国风等小众类目及风格的服装。因此在经营网店前，必须对市场有较敏锐的观察，一些跟普通大众商品相比没有多大竞争力的商家，可以考虑从小而美的个性化方向出发。

2）产品

从产品出发，主要考虑自家产品材质、设计款式、装饰元素、颜色、大小、形状、味道等。比如家具类目，以珍贵木材为主，多雕刻、饰以祥云龙凤等，多几何形体，颜色趋向材质自然本色的是中式风格；而法式风格的家具则有浓厚的宫廷色彩和西方艺术气息，在颜色上，以白色、米色、黄色居多。

3）竞品

同种类型的商品有大量不同的商家在出售，这些商家销售的商品相对于自家店铺的商品来讲是竞品。要想在海量竞品中脱颖而出，需要在价格定位接近、风格相似的商品或者是商家中凸显出自己的个性，当整个店铺个性相对统一时，可以形成某种风格。以这种风格作为店铺卖点可以吸引喜欢该风格的用户，并形成用户粉丝团体。通过完整的竞品分析，发现其他竞品没有的特点，突出自身优势和特色，取长补短，可以快速总结出自己店铺后期的经营方向。

4）买家群体

收集行业销售数据和自家店铺销售情况确定用户画像，分析用户群体的年龄、性别、特点、消费额等，接下来重点关注符合用户画像的用户群体，挖掘他们的需求点和痛点，据此选择相应特点的装修风格，完成符合用户心理需求的店铺装修。

5）个人兴趣爱好

根据自己的兴趣爱好出发，打造独一无二的店铺装修风格，吸引相同类型的用户前来购买。这样做可以充分发挥自己在某一领域的特长，在同类商品店铺中打造高品质、个性化的店铺装修风格。

3. 装修配色组合

网店装修配色由三部分组成：主色、辅助色与点缀色。

①主色：主色是网店配色中面积最大的组成部分。主色决定了整个网店的风格。主色一般控制在 3 个颜色以内，避免杂乱造成视觉疲劳。主色的选择需要结合店铺的装修风格。

②辅助色：辅助色面积小于主色，对主色起衬托作用。使用辅助色能够丰富色彩，使网店风格的表现更加完整。

③点缀色：点缀色面积最小，色彩较为突出。使用点缀色，起到画龙点睛的作用，增强视觉效果。

图 4-6 所示为某店铺页面，该页面主色为紫色，辅助色为蓝色、粉色，点缀色为白色、黑色。网店售卖商品为保温杯，风格为卡通时尚，选择紫色做主色可以使画面绚丽，富有神秘感，蓝色、粉色作为辅助色衬托紫色，增强画面的冲击力。白色、黑色在紫色的大背景中显得格外突出，为整个画面增加别样视觉效果。

图 4-6　某店铺页面

4.1.2　网店装修工具

1. 网店装修网站

网店装修网站有大量模板、图片素材可供使用，甚至还有批量生成产品海报功能、AI 智能工具等，为网店装修提供便宜、便捷的途径。

1）图怪兽

图怪兽（见图 4-7）是一个在线图片编辑服务平台，提供图片模板元素，用户通过替换修改文字来完成图片设计。图怪兽根据不同场景创建模板，满足了不同群体图片设计需求。其操作方式简单，并为不同场景的图片模板设置合适尺寸，让缺乏专业技能的电商新人也可以轻松设计图片。

图 4-7　图怪兽界面

2）快麦设计

快麦设计（见图 4-8）是一款具备智能审美功能，专门为电商服装类商家提供详情页制作和多平台上新服务的人工智能软件，帮助大家快速设计优秀的店铺详情页模板。快麦设计的两大核心技术是图像识别、智能套版，通过素材包上传、模板选择、详情页制作、商品发布四个步骤可以帮助商家快速完成详情页批量制作，支持一次制作 20 款详情页，并且支持多平台快速上新。

图 4-8　快麦设计界面

3）觅元素

觅元素（见图 4-9）是一家做高清 PNG 免抠设计元素及背景下载的设计素材网站。作为一个拥有众多设计元素和设计背景的素材网站，觅元素除了能满足用户需求，提供高质量的 PNG 设计元素之外，海量的设计元素可以免费下载，全站提供精美免抠元素和高清背景源文件。在更新数量上，觅元素可以确保日均更新 3000 张以上。

图 4-9　觅元素界面

4）稿定设计

稿定设计（见图 4-10）是一个多场景商业视觉在线设计平台。它打破了工具和技术限制，根据不同场景、不同尺寸，创建海量优质模板素材，满足多种图片及视频模板设计需求。稿定设计提供给用户在线智能化平面设计功能，支持图片、手机网页 H5、PPT、视频等类型，具有在线抠图功能、AI 人工智能抠图工具，能自动识别需要保留的主题并去除背景，商家一键上传即可快速实现抠图。

图 4-10 稿定设计界面

2. 网店装修智能设计系统

随着互联网技术的不断发展，出现了一大批网店装修智能设计系统。相较于传统人工制作网店头图、详情页等模板，使用智能设计系统使制作过程得到简化，商家只需要使用智能设计系统中自带的模板，并填写商品详情内容，其余的设计、排版等操作由智能设计系统一键完成，极大地节省了人力，降低了开店成本。

以京东智能装修平台为例。登录京东商家后台，单击"店铺"→"店铺装修"选项，选择京东智铺店铺装修，如图 4-11 所示。

图 4-11 京东智能装修平台

进入页面后，可以使用"模板推荐"里面推荐的模板，单击"购买"按钮使用；也可以直接免费使用"官方限免"里面的模板，如图 4-12 所示。

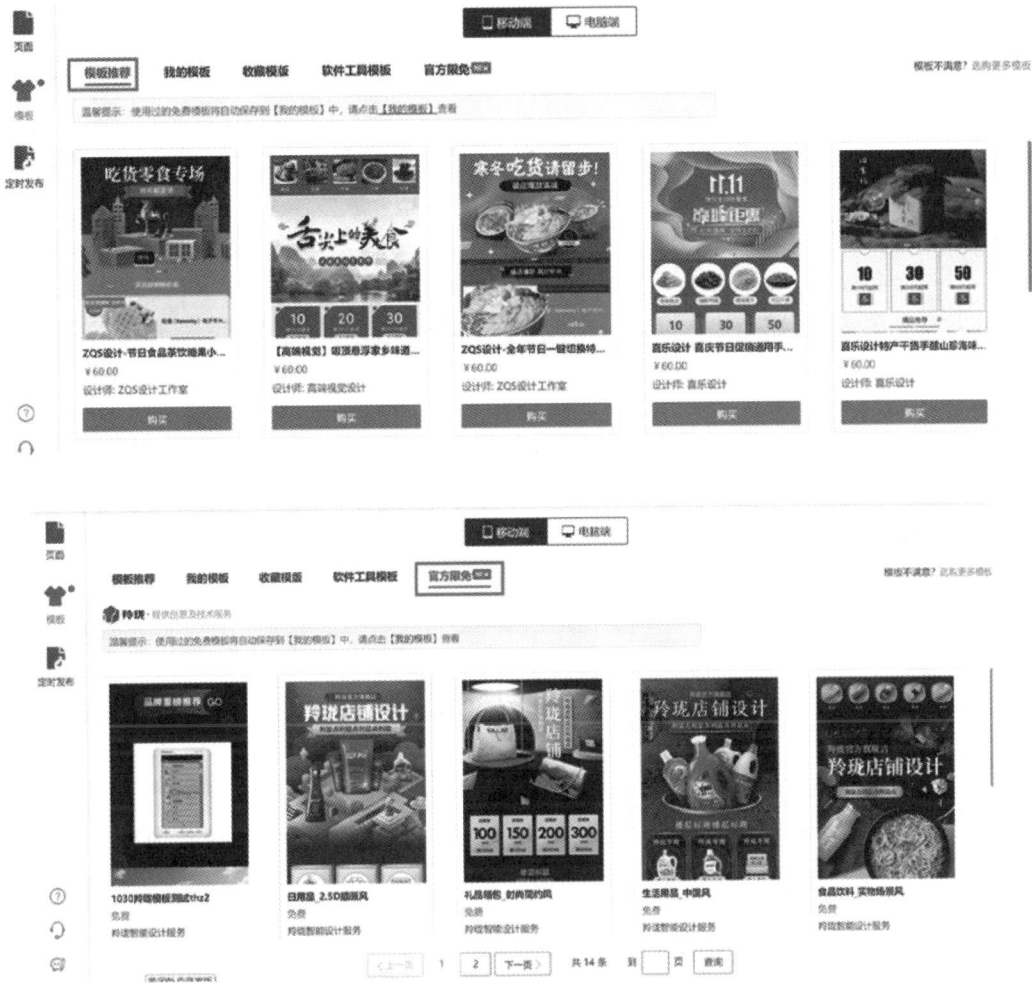

图 4-12　京东智铺店铺装修模板

📖 【课外拓展】

网店装修配色技巧

好的配色能使画面富有亲和力和感染力，从而吸引更多顾客，增加店铺浏览量，提高变现率。

1）色相对比

不同颜色具有不同属性的色相。在使用色相对比方法进行配色时，首先需要确定主色相。在确定主色相之后，需要根据其他颜色色相与主色相的关系选择适当的颜色与主色搭配。借助色相环可以快速找到不同颜色与主色的色相关系。下面就根据色相环对几种不同的搭配方式进行讲解。

（1）原色对比。

原色是指红、黄、蓝三种颜色。原色对比是指红、黄、蓝三原色之间的对比。

（2）互补色对比。

互补色指在色相环中位置相对的两种颜色。互补色搭配可以互相突出，形成强烈对比。

（3）间色对比。

间色又名二次色，是指三原色中的某两种原色相互混合而成的颜色。如红色与黄色混合形成橙色，蓝色与黄色混合形成绿色，红色与蓝色混合形成紫色。

（4）邻近色对比。

邻近色指在色相环上两个靠近的颜色，一般相距不超过60°。它们在色相上差别较大，但在视觉效果上比较接近。使用邻近色对比设计能使画面统一感较强，是色相对比配色法中效果比较柔和的一种。

2）明度对比

每种颜色都具备自己的明度特征，明度对比即利用不同颜色间的明度差异形成对比。当明度对比强烈时，画面的清晰度高，画面锐度高；当明度对比较弱时，画面的清晰度较低，效果较差。

4.2 抖音店铺装修

抖音是一个以短视频为主要内容形式的平台，因此店铺装修中视频内容的运用尤为重要，可以更生动地展示产品特性。

4.2.1 抖音店铺装修板块内容

1. 功能模块

①个性化店铺页面：商家可以自定义店铺名称、店铺头图、店铺描述和店铺 logo 等元素，以树立品牌形象和吸引用户的眼球。

②自定义布局：商家可以自由选择和排列商品展示模块、图片、文字和视频等内容，以创建独特的店铺页面布局。

③多样化的模板和样式：抖音店铺装修板块提供了各种各样的店铺模板和样式，商家可以根据自己的品牌特点和风格进行选择，从而定制出独具特色的店铺。

④商品展示：商家可以轻松添加、编辑和管理其店铺中的商品，包括商品图片、标题、价格和描述；商家可以按照不同的分类和标签组织商品。

⑤优惠活动和促销：商家可以在店铺中设置各种促销活动，如折扣、满减优惠、赠品等，以吸引用户并增加销售量。

⑥直播推广：商家可以将直播活动嵌入店铺页面，以进行产品展示和销售，与观众实时互动。

⑦数据分析和报告：抖音店铺装修板块提供销售数据、访客统计和用户行为分析，帮助商家了解店铺的运营情况，并制定更有效的销售策略。

2. 装修具体模块

1）抖音店铺商品主图要求

①抖音店铺商品主图只支持 JPG、JPEG 和 PNG 格式，需上传 1∶1 比例的图片，图片尺寸至少为 600×600 像素，图片大小不能超过 5 MB。

②主图上不能有除品牌 logo 以外的其他品牌的相关文字和水印。

③第一张主图必须为商品主体正面实物图。如果涉及活动，图片上需清晰体现活动时间和活动方式，需审核通过后生效。

2）抖音店铺白底图要求

①纯白背景，主体完整不变形，占比不小于 70%。

②图片格式、尺寸和大小与抖音店铺商品主图要求一致。

③无水印、阴影等。

4.2.2　抖音店铺装修方法

1. 进入装修后台

登录抖店，进入商家后台，在"店铺"选项下单击"店铺装修"选项，如图 4-13 所示。

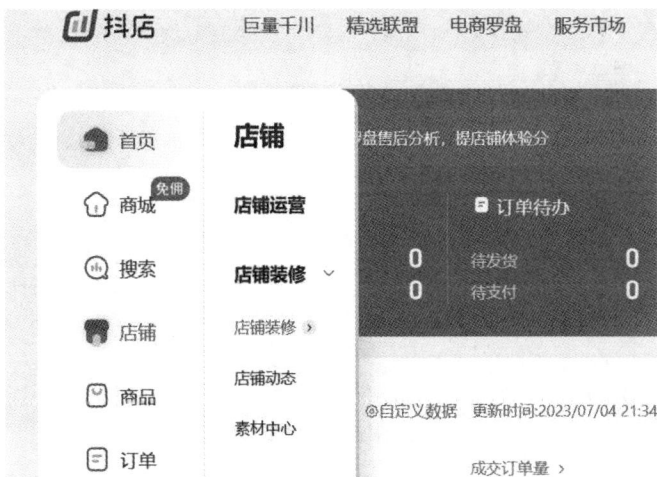

图 4-13　抖音店铺装修后台

2. 创建页面版本

无论要装修哪个页面，都需要先创建一个版本，并确认生效后才能启用。例如，装修精选页面，就需要先创建一个精选页版本并确认生效。下面以精选页的装修为例进行操作。

单击"精选"选项，然后单击"模版装修"或"新建版本"按钮，如图 4-14 所示。

图 4-14　选择装修模板

单击后进入装修页面，如图 4-15 所示，精选页装修允许在头图以下的任意位置添加海报、优惠券以及精选商品模块，每种模块的数量最多为 10 个。

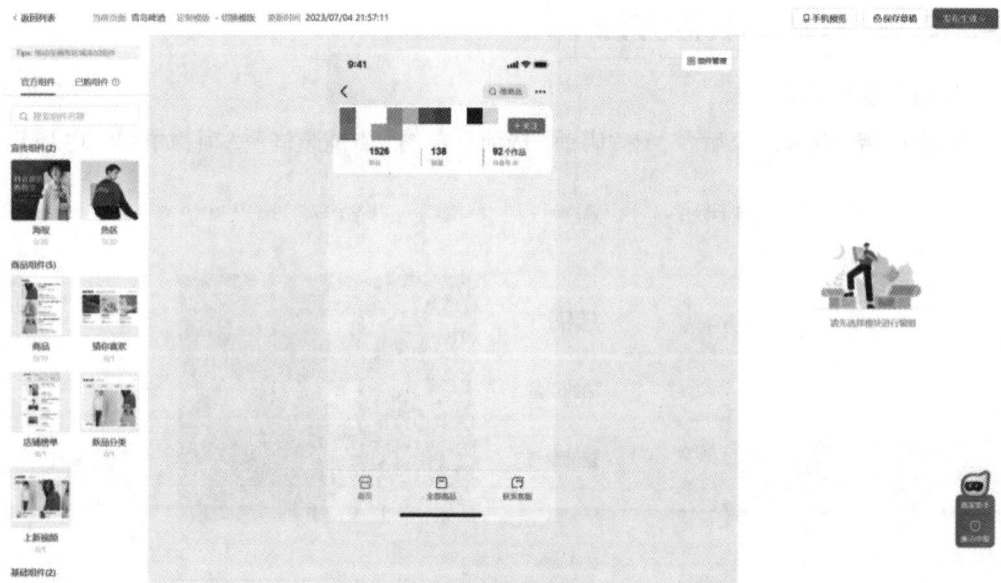

图 4-15　添加模块

拖动左侧组件，右侧装修区域出现蓝色背景的"组件放置区域"提示，将组件拖动至该区域后会显示绿色背景的"释放鼠标放在这里"的提示，松开鼠标即可将组件放置在此处，如图 4-16 所示。

精选页有很多组件，包括海报组件、优惠券组件、精选商品组件、满减组件等，可以根据自己的装修需求进行选择。

例如，要添加海报组件，将海报组件拖动到指定位置后，输入组件标题，选择商品布局，选择商品并添加，如图 4-17 和图 4-18 所示。

图 4-16　拖动组件

图 4-17　添加海报组件

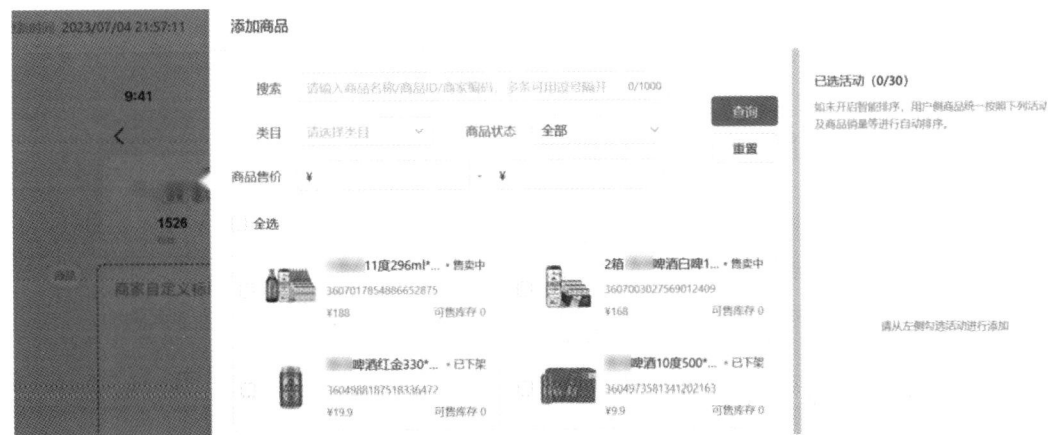

图 4-18　添加商品

要添加优惠券组件,可以将优惠券组件拖动到指定位置后,选择需要使用的优惠券,相关页面如图 4-19 所示。

3. 注意事项

①店铺头图即店铺顶部的背景图,位置固定,头图效果默认为高斯模糊。

②不上传或删除当前头图则使用系统默认图。

③头图尺寸:宽度 1125 像素,高度 633 像素。

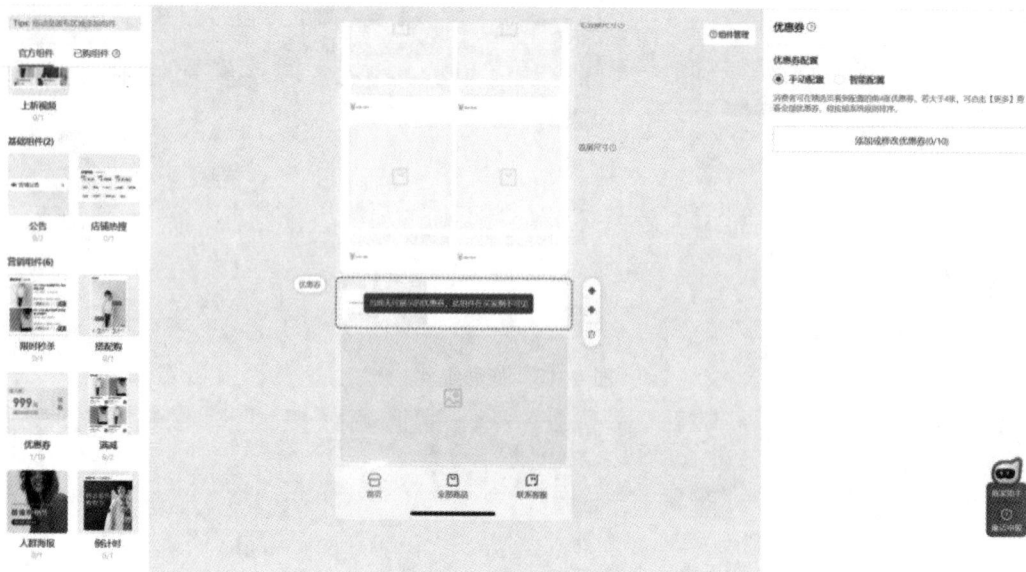

图 4-19 添加优惠券组件

④头图大小：单张图片大小不超过 2 MB。

⑤头图格式：JPG、PNG。

【课外拓展】

抖音店铺装修页面的展示条件和规则

1. 展示条件

①希望店铺展示精选页：需要先创建一个精选页版本并确认生效后方可展示该页面。

②希望店铺展示分类页：需要先创建一个分类页版本并确认生效后方可展示该页面。

③希望店铺展示大促活动页：需要先创建一个大促活动页版本并确认生效后方可展示该页面，一般大促活动页有指定的生效时间，请留意页面的提醒。

④希望店铺展示商品页：无须编辑和调整，为系统默认展示。

2. 展示规则

展示优先级如下。

①默认页面：根据页面效率，会随机展示商品页和精选页。

②展示分类页。

③自定义页仅作为大促活动页、精选页的二级跳转页，不会独立展示。

【实训演练】

实训背景

小王是一个文艺青年，爱好读书写文章，喜欢文艺复古风，追求生活品质，个人资金有限，但有位朋友做服装生产，有位朋友学的是服装设计专业，她想跟两位朋友合作，在抖音开一家女装店铺。

（1）目前市场与竞品概况。

①抖音平台女装行业竞争日益加剧，风格单一，款式同质化。

②文艺复古风格店铺数量少，竞争小，也符合精细化运营的发展趋势；独立设计能在款式上取胜。

（2）朋友服装生产厂产品分析。

①颜色：色彩素雅寡淡。

②材质：面料以棉麻、羊毛、牛仔、灯芯绒为主。

③价格定位：200元客单价。

实训要求

①通过查阅资料，寻找店铺装修相关案例。

②根据用户画像为小王模拟开展抖音店铺装修。

✎【复习思考】

一、单选题

1.（　　）不是卡通风格的特点。

A. 可爱　　　　　　　B. 活泼　　　　　　　C. 生动　　　　　　　D. 潮流

2.（　　）是简约风格的特点。

A. 简洁　　　　　　　B. 可爱　　　　　　　C. 活泼　　　　　　　D. 潮流

3.（　　）不属于确定用户画像需要分析的用户群体特点。

A. 年龄　　　　　　　B. 性别　　　　　　　C. 消费额　　　　　　D. 学习能力

二、多选题

1. 网店装修配色由（　　）组成。

A. 主色　　　　　　　B. 副色　　　　　　　C. 辅助色

D. 点缀色　　　　　　E. 补充色

2.（　　）是抖音店铺装修精选页的组件。

A. 海报组件　　　　B. 优惠券组件　　　　C. 精选商品组件

D. 满减组件　　　　E. 主图组件

3.（　　）属于清新风格的特点。

A. 清新　　　　　　　B. 自然　　　　　　　C. 舒适

D. 前卫　　　　　　　E. 暗黑

三、判断题

1. 原色是指红、黄、蓝三种颜色。原色对比是指红、黄、蓝三原色之间的对比。（　　　）

2. 有浓厚的宫廷色彩和艺术气息，在颜色上以白色、米色、黄色居多的家具属于中式风格。（　　　）

3.时尚风格是一种以时尚、潮流、前卫为主要特点的装修风格，适用于儿童用品。
（　　）

四、简答题

1.请从市场、产品、竞品、买家群体、个人兴趣爱好五个方面说明如何确定网店装修风格。

2.举例介绍网店装修网站。

项目 5

淘宝店铺推广与引流

⊚ **【知识目标】**

1. 了解 SEO 引流的含义、目的、优势。

2. 了解影响商品排名及自然流量的因素。

3. 了解导致商品权重降低的因素。

4. 熟悉淘宝店铺标题优化原则。

5. 了解直通车的含义和优势。

6. 熟悉直通车准入条件和适合商品。

7. 了解逛逛的含义、优势及内容制作原则。

⊚ **【技能目标】**

1. 能用公式计算直通车引流费用。

2. 能选择适合直通车引流的产品进行推广。

3. 能完成淘宝商品标题的优化。

⊚ **【思政目标】**

1. 能认识到虚假交易、主图违规等行为对店铺的不良影响。

2. 能具备使用先进技术完成网店推广的意识。

⊙ **【案例讨论】**

小张新开了一家淘宝店铺，他按照前文所讲内容完成了选品与商品发布以及店铺装修。但小张的店铺面临着严峻的低流量问题，很少有潜在客户浏览他的商品。由于低流量，小张的商品销量也受到了影响，无法实现预期的销售目标。在寻找解决办法的过程中，小张了解到淘宝店铺的排名和权重对流量和销量有重要影响。然而，他对如何提高店铺的权重、获得更高流量并不了解。小张意识到他的商品信息可能存在不足，包括商品标题、描述和关键词，但他不知道如何优化这些信息，以提高商品在淘宝搜索结果中的曝光度。小张认识到，仅仅完成商品发布和店铺装修是不够的，他需要更多的营销策略来吸引潜在客户，提高他的店铺知名度。小张希望得到关于优化商品信息、提高店铺权重和增加流量的详细指导，同时，他渴望了解更多有效的营销策略，以便能够吸引更多的客户，提高店铺的销售业绩。他迫切需要实际可行的方法和建议，来改善他店铺的现状，使其更具竞争力和吸引力。

⊙ **思考**

店铺引流方式有哪些？影响小张店铺商品排名及自然流量的因素有哪些？

5.1 SEO 引流

通过 SEO 引流优化，可以提高网店在搜索引擎结果中的排名，提高网店的可见性。

优化后的页面更容易被搜索引擎收录和推荐，从而吸引更多的有机（自然）流量。

5.1.1　SEO引流概述

1. SEO 引流含义

SEO（search engine optimization），又称为搜索引擎优化，它是一种通过分析搜索引擎的排名规律，了解各种搜索引擎怎样进行搜索、怎样抓取互联网页面、怎样确定特定关键词的搜索结果排名的技术。SEO 采用易于被搜索引用的手段，对网站进行有针对性的优化，提高网站在搜索引擎中的自然排名，吸引更多的用户访问网站，增加网站的访问量，提高网站的销售能力和宣传能力，从而提升网站的品牌效应。

SEO 引流，简单来说就是通过一定技术手段提高网站关键词搜索排名获取更多展示，然后从自然搜索结果获得更多网站流量的过程。

2. SEO 引流的作用

SEO 引流的作用有达成广告点击、销售商品 / 服务和提升品牌建设，如图 5-1 所示。

图 5-1　SEO 引流的作用

3. SEO 引流的优势

1）价格优势

长期看来，相比于关键词推广来说，搜索引擎优化需要做的只是维护网站，保证网站具有关键词优势，并不需要为用户的每一次点击付费，因此比竞价排名要便宜许多。另外，搜索引擎优化可以忽略搜索引擎之间的独立性，即使只针对某一个搜索引擎进行优化，网站在其他搜索引擎中的排名也会相应提高，达到了企业在关键词推广中重复付费才能达到的效果。

2）管理简单

如果企业将网站搜索引擎优化的任务交给专业服务商，那么企业在网站管理上基本不需要再投入人力，只需不定期观察企业在搜索引擎中的排名是否稳定即可。而且，这种通过修改自身达到的自然排名效果，让企业不用担心恶意点击的问题。

3）稳定性强

企业网站进行搜索引擎优化之后，只要网站维护得当，那么在搜索引擎中排名的稳定性也非常强，很长时间都不会变动。

5.1.2 影响商品排名及自然流量的因素

影响商品排名及自然流量的因素有如下几点。

1. 类目相关性

类目相关性，即商品的类目、属性、标题词和搜索的关键词是否相关。

2. 字符的使用

全角符号，如"【 】""*""☆"，可能会引起搜索引擎无法识别的故障，在系统检测时，可能会误判，导致检测失败。一般组合标题尽量选择易读性符号，如空格、"/"等，最好使用空格符号。

3. 关键词整体性

为了确保搜索结果的准确性，关键词尽量保持一定的整体性，如"夏季新款连衣裙""蓝牙降噪耳机"，一般来说，紧密关键词比非紧密关键词更加利于搜索。

4. 店铺动态评分

DSR 动态评分是指消费者给商家的三项评分，其中包含商品与描述相符评分、商家的服务态度评分以及物流服务质量评分。根据店铺在六个月内所有消费者给予的平均分得到 DSR 动态评分。消费者可以给出 1～5 分的评价，其中 1 分为非常不满意，2 分为不满意，3 分为一般，4 分为满意，5 分为非常满意。网店 DSR 动态评分对商品排名影响比较大，要想让网店商品获得更好的商品排名，做好 DSR 评分内容很有必要，这样会提高店铺综合评分的权重。

5.1.3 导致商品权重降低的因素

导致商品权重降低的因素有如下几点。

1. 虚假交易

虚假交易是目前商家遇到的最多的商品权重降低的原因，虚假交易主要是补单被查造成的。由于平台竞争激烈，部分商家会通过补单增加销量来提高商品权重，补单数量过多，很容易被平台查封。一旦出现比较严重的虚假交易处罚，平台会在后台给违规店铺发送降权通知。

2. 主图违规

主图是网店装修比较重要的部分，也是影响商品权重的重要因素。

如果商品主图出现平台红线内容（具体需查看不同平台规定），会大幅降低商品权重，甚至强制下架商品。

3. 商品标题关键词滥用

商品标题关键词滥用包括以下 5 点。

①使用与商品类目和属性不相关的关键词。

②使用他人品牌的关键词。（商城用户要特别注意禁用"外贸""原单"之类的关键词。）

③刻意堆砌关键词。

④店铺中商品标题重复。

⑤商品标题关键词不符合广告法规定。

平台为了保证商家的权益，会对滥用关键词的商品进行降权处罚。

4. 重复铺货

重复铺货是指网店重复卖相同的商品。例如，发布了 A 和 B 商品，这两个商品链接虽然不同，但从图片上、属性上或是描述上看属于同一商品。

重复铺货严重影响买家的浏览体验。通过对买家的调研发现，如果网店内充斥着许多重复商品，会让买家对商家的专业度印象大打折扣，也会对商家所销售的商品产生怀疑。

重复铺货严重影响商家得到询盘的机会。如果商家多次发布重复信息，容易导致买家无法准确快速地找到想要的商品而产生厌恶，容易错失询盘机会。

所以，只要相同商品重复发布，就会判断为重复铺货，平台会对商品进行降权处理。

5.1.4　商品标题优化原则

商品标题优化原则如图 5-2 所示。

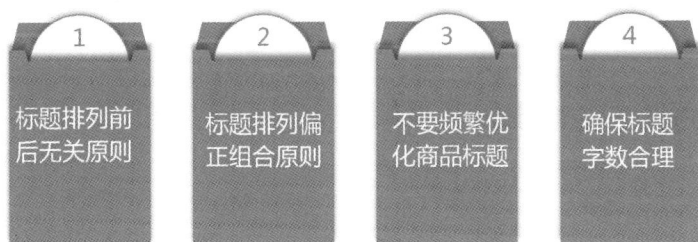

1	2	3	4
标题排列前后无关原则	标题排列偏正组合原则	不要频繁优化商品标题	确保标题字数合理

图 5-2　商品标题优化原则

①标题排列前后无关原则。标题排列前后无关原则是指标题中的关键词排列顺序不影响排名和展现。无论怎么变换位置，关键词效果相同。

②标题排列偏正组合原则。标题排列的偏正组合原则即修饰词在前面，名词放后面，如"2023 年新款女鞋高跟皮鞋"。在为低权重商品标题选词的时候以一类词为主，二类词为辅。

如果刚开始就加三类词，很难得到排名和流量，可以先利用一类词去获取流量，等到权重提高后，就可以换掉某些一类词，加入一些二类词和三类词为商品带来更多流量。

③不要频繁优化商品标题，一般 5 ～ 7 天优化一次最好。

④确保标题字数合理。商品标题字数限制在 30 个汉字以内（不超过 60 个字符）。商品的标题不能超过限制字数，也不能太少。商品的标题尽可能写够 30 个汉字，合理利用可以使用的所有字符，尽量将商品描写得全面，有吸引力。

【课外拓展】

网站搜索引擎优化技巧

做好网站日常工作，包括以下方面：

①查看网站在搜索引擎的基本情况（快照、收录、外链、排名变化等）；

②网站流量分析（分析流量搜索词、访问页面、用户停留时间等）；

③友链的检查（定期检查和更新，避免受牵连等）；

④网站定期备份（有备无患，遇到问题可及时恢复备份）；

⑤网站日志分析（监测搜索引擎蜘蛛的爬行情况，检查404页面有无问题等）。

网站的关键词非常重要，它决定网站是否能被用户搜索到，因此在关键词的选择上要特别注意。关键词的选择必须突出，遵循一定的原则，如：

①关键词要与网站主题相关，不要一味地追求热门词汇；

②避免使用含义很广的一般性词汇；

③根据商品的种类及特性，尽可能选取具体的词；

④选取用户在使用搜索引擎时常用到的与网站所需推广的商品及服务相关的词，5～10个关键词数量是比较适中的，密度可为2%~8%；

⑤要重视在标题、段落标题这两处最重要显眼的位置体现关键词，在网页内容、图片的alt属性、meta标签等网页描述上均可设置突出关键词。

在设计制作网站之前，要清晰设定网站的主题、用途和内容。根据不同的用途来定位网站，可以是销售平台，也可以是宣传网站，网站主题须明确突出，内容丰富饱满，以符合用户体验为原则。对于一个网站来说，优化网站的主题与实际内容才是最为重要的。一个网站需要有鲜明的主题，丰富的、与主题相关的内容，及时更新。

5.2　直通车引流

直通车引流是一种付费的在线广告形式，尤其在电商平台非常常见。与SEO等需要时间积累的引流方式相比，直通车广告可以迅速带来流量和曝光，且商家可以根据自己的预算设定广告的出价，有效控制广告成本。

5.2.1　认识直通车

1. 直通车简介

直通车引流是网店商品的一种推广方式，把商品展示在网页更显眼、更容易被浏览到的位置，让更多的人能够看到商品，通过这种方式把用户引流到自己的店铺，提高店铺商品的成交率。直通车展示商品免费，按照点击量收费。

图 5-3 所示为淘宝直通车在所有流量来源中的排名，可以看到直通车排名仅次于手机淘宝搜索，具有相当大的流量优势。

流量来源排行TOP10　　　　　　　　　　　　　　　　　　　　　　　　　　　　　　　　　　　无

排名	来源名称	访客数	下单买家数	下单转化率
1	手淘搜索 较前7日	1,772 +226.94%	205 +113.54%	11.57% -34.68%
2	直通车 较前7日	1,350 +3.61%	214 +9.74%	15.85% +5.92%
3	我的淘宝 较前7日	307 +42.79%	51 +6.25%	16.61% -25.59%
4	购物车 较前7日	258 +60.25%	101 +27.85%	39.15% -20.22%
5	手淘问大家 较前7日	69 +331.25%	20 +233.33%	28.99% -22.71%
6	手淘旺信 较前7日	57 +26.67%	30 +57.89%	52.63% +24.65%
7	淘宝客 较前7日	30 +15.38%	14 -26.32%	46.67% -36.14%
8	淘内免费其他 较前7日	26 +8.33%	10 +66.67%	38.46% +53.85%
9	手猫搜索 较前7日	20 +150.00%	3 -	15.00% -

图 5-3　淘宝直通车在所有流量来源中的排名

2. 直通车商品展示位置

直通车商品推广展示位置包括 PC 端展示位置和手机端展示位置。

1）PC 端展示位置

①搜索首页第一排带有"广告"标识的商品为直通车推广商品，如图 5-4 所示，即前三个商品为直通车推广商品，最后一个商品为普通推广商品。

图 5-4　直通车推广

②掌柜热卖位置，如图 5-5 所示。

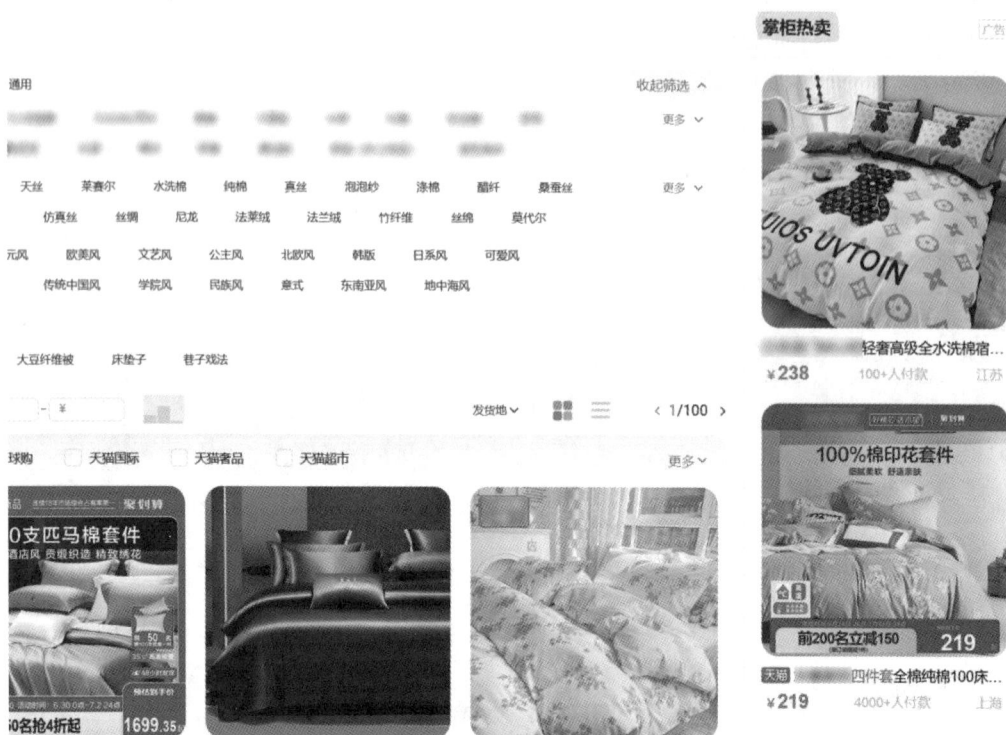

图 5-5　掌柜热卖位置

③关键词搜索页底部掌柜热卖 5 个位置，如图 5-6 所示。

图 5-6　关键词搜索页底部掌柜热卖位置

2）手机端展示位置

在手机淘宝搜索某款商品，出现"广告"标识或（和）"HOT"标识的即为直通车推广商品，图 5-7 所示为搜索胶装机后的结果，可以看到直通车商品不一定出现在前 5 名，自然流量高的商品也会在前排占有位置。

图 5-7　手机端展示位置

5.2.2　直通车优势

直通车优势主要有精准搜索营销、提高商品的曝光率、提高商品和店铺的权重、智能化投放。

1. 精准搜索营销

买家在网上购物时，一般都是在淘宝搜索引擎处输入想要购买商品的关键词，而直通车的目的就是根据买家的搜索习惯，将商品匹配和推广给更加精准的客户群体。对于有购买需求的人来说，下单的概率较大，而且很容易成为店铺的粉丝用户。商家开通直通车可以吸引精确的用户群体，增加店铺流量。

2. 提高商品的曝光率

淘宝店铺的某款商品如果想要被大众所知道，前提就是得让它拥有一定的曝光量，这样就能够让更多的用户看到，才能增加店铺浏览量。而开淘宝直通车就能够通过点击量提高商品的曝光率，并且还能够进行关键词引流，这样也就能够提升商品的排名，进而增加商品销售量。

3. 提高商品和店铺的权重

开直通车能够高效地提高商品和店铺的权重，原因是对商品进行推广和引流能够增加商品的销量，还能够带动店铺其他商品的销量，久而久之能够提升店铺的层级，搜索权重也相应提高。

4. 智能化投放

智能化投放是直通车为商家提供的智能化托管功能，商家只需要进行简单的计划设置，即可开始直通车推广。系统将根据商家选择的商品为店铺匹配海量的高品质流量，同时支持单件商品智能投放和多商品快捷推广，满足日常销售、新品测款等的不同需求。

5.2.3 直通车的准入条件

直通车的准入条件主要包括以下几个方面。

①商家级别达到 2 颗心（11 个好评）及以上的淘宝商家有机会开通直通车，商城用户或无名良品商家可不受级别限制。

②店铺动态评分各项分值均在 4.4 分或以上，同时，店铺好评率在 97% 或以上。

③店铺里商品不少于 10 件，店铺无严重违规（如售假等）或未完结的处罚，店铺是正常状态。

④以下几个主营类目的商家需要先加入消费者保障服务并已缴纳消费者保障服务保证金才能开通直通车：保健品 / 滋补品、古董 / 邮币 / 字画 / 收藏品、母婴用品 / 奶粉 / 孕妇装、品牌手表 / 流行手表、食品 / 茶叶 / 零食 / 特产、腾讯 QQ 专区。

如果商家级别没有达到 2 颗心，建议多去积累一些信用度，信用度的提高也会使店铺更有竞争力。

5.2.4 直通车扣费

1. 扣费计算公式

直通车按点击量扣费，扣费金额不高于商家的最终出价。扣费公式如下：

单次点击扣费 =（下一名商家出价 × 下一名商家质量分）/ 商家的质量分 + 0.01

例如，小王出价是 5 元，小王店铺质量分显示为 10 分，小王店铺排名的下一名商家小丽出价是 2 元，如果小丽店铺的质量分是 7 分，那么小王的扣费就是 $2 \times 7/10 + 0.01$ 元 = 1.41 元。

2. 质量分含义

质量分是衡量关键词与推广商品、淘宝用户搜索意向的匹配度及广告质量的综合指标，为 10 分制。影响质量分的因素包含创意质量、相关性及买家体验三方面，如图 5-8 所示。

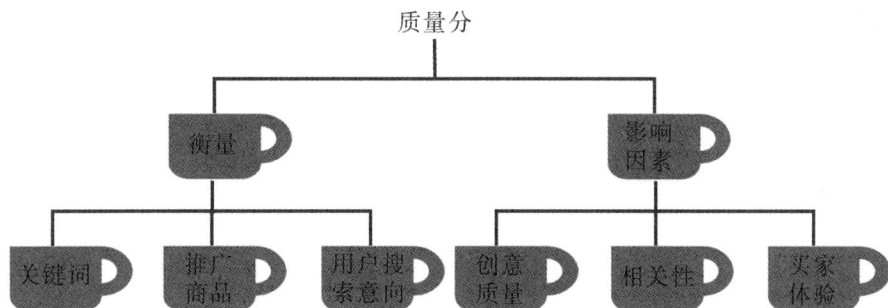

图 5-8　质量分含义

影响质量分的因素的具体解释如表 5-1 所示。

表 5-1　影响质量分的因素

影响质量分的因素	具体解释
创意质量	推广创意图片的反馈效果，包括推广创意的点击反馈、图片质量等
相关性	关键词与商品类目、属性、标题等的相符程度
买家体验	买家在店铺的购买体验和商家账户最近的关键词推广效果，收藏和加购关联营销、详情页加载速度、好评和差评率、旺旺反应速度等是影响购买体验的因素

5.2.5　适合直通车的商品

适合直通车的商品具有转化周期较短，产出投入比大，受众人群广、客户特征鲜明且群体流量稳定的特点。

1. 转化周期较短

服装、食品等转化周期短的商品适合利用直通车推广，大型家电、家具等转化周期过长的商品不适合利用直通车推广，因为虽然其前期可能点击、加购、收藏数据比较好，但是后期难以转化。

2. 产出投入比大

利润较高的商品适合利用直通车推广，这样能在扣除直通车费用后仍有剩余利润，对于低利润的商品不建议开通直通车。

3. 受众人群广、客户特征鲜明且群体流量稳定

对于受众人群广的商品，如刚需商品，大部分用户会直接通过搜索的方式购买，而不是选择随机浏览。这类商品群体流量稳定，可以持续给商家带来高权重和收益，适合开通直通车推广。

对于一些小类目商品，其用户群体人数过少，或者用户画像难以把握，数据每日出现大幅度变化，这种类型的商品不建议开通直通车。

5.2.6　开通直通车的操作方式

新建一个推广计划，如图 5-9 所示。

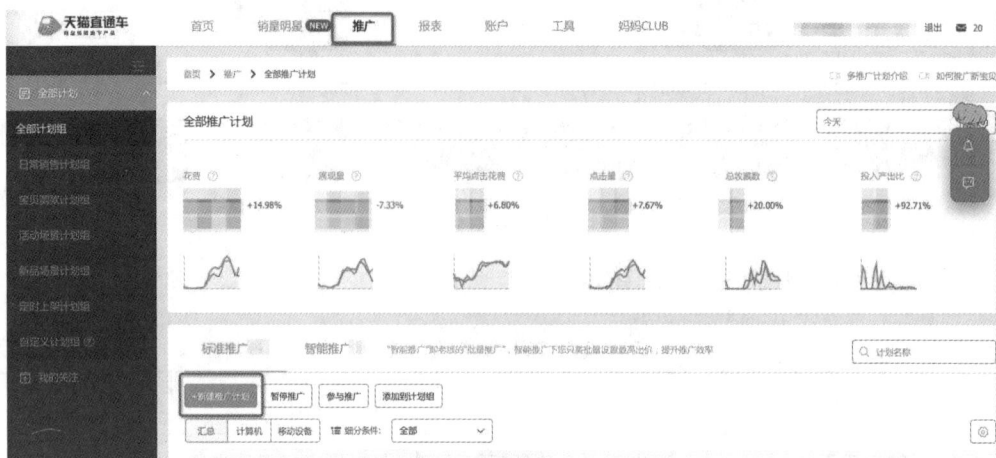

图 5-9　新建推广计划

选择营销场景和推广方式，如图 5-10 所示。

图 5-10　选择营销场景和推广方式

营销场景应根据推广目的进行选择，推广目的包括以下几个方面。

①商品测款。系统相对均匀地为测款商品快速提供流量，以便商家在短时间内得到测款结果。

②日常销售。在流量的选择上会更偏向于高成交流量。

③推进活动。快速获取更多优质流量，促进活动期的爆发，活动类型包括店铺活动、大促活动和常规营销活动。

选择智能推广方式，即系统托管的形式，三步完成新建，高效快速获得流量。

设置计划名称及日限额，设置日限额能有效控制每日花费，如图 5-11 所示。

选择需要推广的商品，计划内最多可以选择 30 个商品同时推广。

设置默认出价上限，完成推广。

①默认出价上限指商家可接受的单次点击出价上限，最终上限还需要考虑分时折扣等。系统根据流量质量动态出价，过滤低质流量，实际出价不高于默认出价上限。系统支持区分计算机和移动设备修改出价上限。

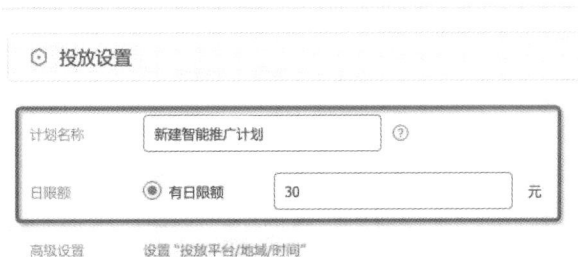

图 5-11　设置计划名称及日限额

②可以选择添加自选关键词，如果商家添加了自选关键词，系统会同时通过自选关键词和智能匹配为商品获取流量（注意：系统会根据商品匹配不同的流量，并非所有商品都会匹配相同关键词流量）。

5.3　逛逛图文引流

5.3.1　认识逛逛

1. 逛逛简介

淘宝逛逛（简称逛逛）是淘宝的内容主阵地，是从消费购物到生活方式的升级。这里汇集众多知名人士、优秀达人、意见领袖以及垂直领域专业人士等，他们通过真实的生活方式分享，与用户基于内容互动建立关系，共同打造出有用、有趣、潮流、奇妙、新鲜的内容，为消费者提供全新的内容消费体验。图 5-12 所示为某官方旗舰店对防晒衣的推广帖，用户可以进行评论、点赞等互动。

2. 逛逛内容创作形式

在逛逛平台里，用户可以找到或发布围绕产品、有价值、能引发用户情感共鸣的内容。

对于用户而言，淘宝逛逛为其提供真实消费呈现、用户评价等消费资讯以及多种信息浏览、搜索方式，为消费者购物决策提供辅助。淘宝逛逛提供了多种内容形式，包括：

①知识、经验分享，如使用指南、产品评测等；

②过程效果展示，如美食教程、美妆教程等；

③体验式分享，如产品的亲测体验、产品效果展示等；

④故事性分享，如消费过程中的真实体验、有趣经历或感动瞬间等。

图 5-12　某官方旗舰店对防晒衣的推广帖

3. 逛逛的特点

①内容优质：淘宝逛逛对于内容的审核非常严格，无意义、无价值的内容均不能通过审核。

②内容真实：淘宝逛逛注重消费者对于消费体验的真实分享，带有夸大宣传、涉嫌虚假的内容不能获得发布和分享。

③内容多样：在形式方面，淘宝逛逛提供了文字、图片、视频等多种分享载体；在内容方面，从穿搭、护肤产品的好物推荐到美食、潮玩等生活方式分享，甚至游戏、旅行等泛娱乐消费内容都可以在平台进行分享。

5.3.2　逛逛的优势

创作者可以在逛逛内建立与消费者之间更加亲密的互动关系，带来新流量和新关系，通过内容建立起信任，实现良性变现。逛逛对于创作者的优势主要包括以下几个方面。

（1）新场景带来新流量。

真实分享的新场景将优质内容放大，淘宝商家、知名人士、优秀达人、意见领袖以及垂直领域专业人士等通过在新场景中分享贴近生活的优质内容为店铺带来新流量。

（2）新粉丝带来新关系。

私域粉丝在逛逛内可沉淀流转，创作者通过培养特点吸引深度同好，让新粉丝带来新关系。

（3）新数据带来新指引。

时时可见的数据驱动创作，带来新的创作指引，全面提升个人商业价值。

（4）新品牌带来新商机。

创作者和品牌深度接触，多样性合作模式延展，让新品牌带来新商机。

机构可以通过新生态内容，链接直播生态，依托大数据赋能实现更高效的盈利。逛逛对于机构的优势主要包括以下几个方面。

（1）独立内容赛道。

开创平台新赛道，为独立内容提供易发现、易传播、易转化的新渠道，增强优质内容的活力。

（2）拓宽潜在客群。

拓宽潜在客户群，引入可触达、可转化、可维系的新粉丝，增强平台资产沉淀。

（3）多维分析预判。

多维分析预判，更全面、更精准、更有效地对平台数据进行智能追踪。

（4）联合孵化计划。

通过品牌联合孵化计划，打造好辨识、好沟通、具有好形象的品牌口碑。

5.3.3　逛逛内容创作要求

逛逛内容创作要求主要包括对账号的要求、对图文内容的要求、对视频的要求。具体要求如下。

1. 对账号的要求

①逛逛昵称不能含有微信号或其他联系方式等。

②头像不能包含二维码、店铺名称以及联系方式等。

③简介不能包含联系方式等。

2. 对图文内容的要求

①不能出现微信号、二维码、链接、地址，以及引导性的话术等，可以在内容中增加品牌词。

②不能出现优惠券红包、抽奖等活动。

③不能出现第三方平台水印图。

④文章内容主题要明确，层次分明，不能出现无意义内容或者文章逻辑混乱等问题。

⑤文章内容与图片相符。

⑥图片不能是网络表情包或者网络图片，但是如果发布的图片多于 2 张，其中可以有一张图片是表情包，但不能是封面。

3. 对视频的要求

①视频清晰，不能全黑或白屏，视频时长大于 5 秒。

②视频要与内容相符。在开始制作视频之前，先规划好视频内容和结构，思考清楚想要传达的信息和故事情节，并编写一个简要的脚本。制作时需要确定视频的主题和目标受众，这将有助于制定合适的创作策略。制作视频时，视频可以使用适当的编辑和特效，但不能过度处理或篡改商品的真实情况。视频的音频部分（如果有）应清晰可听，不扭曲或嘈杂。视频应符合淘宝平台的相关规定和政策，不得包含违法、淫秽、暴力、歧视等内容。

〖【实训演练】

实训背景

小王是一位电商新人，他在淘宝开了一家网店，在根据市场情况完成选品、商品发布以及店铺装修后，他想要为自己的商品和店铺引流。他销售的商品为夏季女款连衣裙，风格为复古、束腰、清新，采用独特收腰设计。

他的商品关键词多为"夏季连衣裙流行"这种连贯性不强的组合，且标题对商品特性突出度不高，字数过少。目前他只针对自己的商品做了 SEO 引流，但是效果并不理想。

实训要求

①根据背景内容为小王提出关键词、标题修改意见。

②帮助小王从网站日常工作和关键词角度优化 SEO 引流。

③向小王介绍付费引流方式及其优势。

✎【复习思考】

一、单选题

1. （　　）不是 SEO 引流的优势。

A. 价格优势　　　　B. 管理简单　　　　C. 稳定性强　　　　D. 智能化投放

2. （　　）主营类目不需要商家先加入消费者保障服务并已缴纳消费者保障服务保证金才能开通直通车。

A. 保健品　　　　B. 古董　　　　C. 家用电器　　　　D. 品牌手表

3. （　　）不属于导致商品权重降低的因素。

A. 虚假交易　　　　　　　　　　B. 主图违规

C. 商品标题关键词滥用　　　　　D. 店铺缺货

二、多选题

1. （　　）是适合直通车推广的商品具有的特点。

A. 转化周期较短　　　　　　　　B. 产出投入比大

C. 受众人群广　　　　　　　　　　　D. 品质较好

E. 商品需要来自旗舰店

2.（　　　）是影响质量分的因素。

A 创意质量　　　　　　　　　　　　B. 相关性

C. 买家体验　　　　　　　　　　　　D. 用户搜索意向

E. 商品的价格

3.（　　　）属于逛逛的内容形式。

A. 知识、经验分享　　　　　　　　　B. 过程效果展示

C. 体验式分享　　　　　　　　　　　D. 故事性分享

E. 电影情节分享

三、判断题

1. 逛逛对视频的要求是视频清晰，不能全黑或白屏，视频时长大于3秒。（　　　）

2. 商家级别达到2颗心（11个好评）及以上的淘宝商家有机会开通直通车，商城用户或无名良品商家可不受级别限制。（　　　）

3. 直通车关键词搜索页底部掌柜热卖有4个位置。（　　　）

四、简答题

1. 简述淘宝标题优化原则。

2. 请根据以下背景计算直通车扣费：小王出价为20元，小王店铺质量分为8分，小王店铺排名的下一名商家小丽出价是15元，如果小丽的质量分是10分，那么小王开通直通车的扣费是多少？

3. 简述直通车引流的优势。

项目 6
抖音店铺推广与引流

【知识目标】

1. 了解抖音小店随心推的含义、功能、优势和投放方法。
2. 了解主播券引流的含义和结算规则。
3. 了解 DOU+ 引流的含义、优势和不同的投放场景。
4. 了解抖音短视频的挂链方法。
5. 了解抖音短视频的带货技巧。

【技能目标】

1. 能结合店铺定位选择合适的推广方法。
2. 能完成抖音小店随心推的投放。
3. 能完成主播券的开通。
4. 能模拟进行 DOU+ 直播上热门的投放。
5. 熟练完成抖音短视频带货。

【思政目标】

1. 具备遵守平台规定的规范意识。
2. 明确直播需要遵守的相关法律并增强法律意识。

【案例讨论】

小李是一位电商新人，她在抖音平台开了一家网店。她已经完成了店铺入驻相关工作，完成了选品并寻找到了合适的货源，后来通过学习专业知识完成了抖音店铺装修。但是在商品发布一个月后，店铺浏览量和商品购买量较少，她通过查询网络资料，明白了要想增加店铺和商品流量需要制作抖音视频进行推广或者进行直播带货。她又发现抖音店铺引流方法很多，可是自己对这些方法了解很少，所以她对此很苦恼。

思考

小丽可以选择哪些抖音店铺引流方法？这些方法都有什么特点？怎样进行短视频引流才能为店铺带来巨大流量？

6.1　抖音小店随心推引流

抖音小店随心推是一种基于抖音平台的电商推广方式，它允许商家通过抖音短视频进行商品展示和销售。

6.1.1　认识抖音小店随心推

1. 产品简介

抖音小店随心推是为抖音电商用户提供的极简化营销工具。抖音小店随心推通过移动端轻量级数据推广服务，针对抖音短视频或直播间里的商品进行投放，增加电商用户带货直播和短视频的播放量和互动量，优化商品成交，助力电商用户的经营成长，降低投放和管理成本，有效提升电商营销效率。

2. 产品功能

1）多元的投放优化目标

抖音小店随心推针对直播和短视频两大兴趣电商场景，帮助电商用户在直播与短视频场景下达成投放优化目标，实现浅层目标与深层目标的全覆盖，做到内容加热与成交助推。

①在短视频场景下，可实现的优化目标有改进短视频投放时长、选择合适的目标用户引流来源等。这些不同的优化目标，既可以实现浅层的互动，也可以实现深层的成交转化。

②在直播场景下，可以实现的优化目标有改善直播时长、选择合适的目标用户引流来源等，全面满足不同的投放需求。

注意：投放时长需要根据投放目标来选定，如果是以快速出量为主，可以选择短时间。另外，如果是需要更精准的用户，那么可以选择更长的投放时间，让系统花更多时间去寻找最适合的用户。

2）差异化的出价方式

抖音小店随心推支持多种出价方式，兼顾手动出价与自动出价。出价方式主要包括按照播放量出价、按照优化目标出价。

（1）按照播放量出价。

系统根据内容质量及商品类型等情况给出预计播放量。按照播放量出价的流量展现的覆盖量较大，而且流量较便宜，其特点是流量的人群覆盖广，但是人群的精准度较差。

（2）按照优化目标出价。

按照视频、直播的优化目标进行出价，可选择自动出价，也可选择手动出价。一般来说，在视频的投放初期，多按照优化目标出价，因为优化目标流量更精准，能够迅速地完成视频流量变现，达到一定的成交量，构建出成交模型。成交模型建成之后，可以将商品交易环节细节化，更精准地制定流量推送计划。

（3）在某些特殊情况下，可以切换到按播放量出价。

例如，推送的一款商品在按优化目标投放推广的时候转化率很高，但是当某个时段消耗得特别慢或者后期消耗不动时，可以尝试着切换到按播放量出价。按播放量出价虽然覆盖人群广泛，精确度较差，但是广告展现多，只要转化率高，流量的覆盖量就更大。所以可以在完成视频成交建模之后再去选择按播放量出价。

如果在视频推广的中后期，整体的转化率越来越低，流量会越来越杂，可以尝试由按优化目标出价切换到按播放量出价。这是因为当视频播放量达到一定量级时，系统已经找不到视频推送的高精准人群，所以转化自然会越来越差。如果视频前期已经完成成交模型建立，可以切换到按播放量出价来引入圈外新生流量。

3）精准的潜力人群定向

抖音小店随心推通过系统智能推荐和自定义定向推荐、达人相似粉丝推荐三种方式完成精准人群定向引流。

（1）系统智能推荐。

系统根据用户属性、商品属性及商家属性进行智能投放。例如，用户为中年男性，系统会为该类用户匹配男装、剃须刀、钓鱼竿、汽车摆件等商品以及与这些商品相匹配的店铺，对用户进行视频投放。

（2）自定义定向推荐。

广告主围绕性别、年龄、地域、兴趣标签四个维度进行精准定向投放。例如，某款夏季女装广告可以根据性别为女性，年龄为 20 ～ 40 岁，地域为北方城市，兴趣标签为文艺、复古四个维度对相应人群精准投放。

（3）达人相似粉丝推荐。

选择目标达人，针对达人的粉丝进行精准投放。如某款口红产品，可以选择相关达人，由其对粉丝进行推广。

以上三者各有优势。达人相似粉丝推荐比较适合给账号贴标签，获取精准用户。自定义定向推荐适合有针对性的推广。系统智能推荐成本较低，但比较依赖账号标签的精准度，可以让系统推荐潜在人群。

（4）根据不同阶段选择不同投放方法。

抖音小店随心推的投放可以分为三个阶段：发动阶段、生长阶段以及老练阶段。每个阶段的投放要点不同。

发动阶段：可以选择"进入直播间 + 达人相似观众"或"直播间下单 + 达人相似观众"的方法。前期可定向获取精准用户集体，经过进入直播间投放方法提升直播间人气，形成羊群效应带动成交。

生长阶段：投放方法按照需求调整，要以"直播间下单 + 达人相似观众"方法为主，"直播间下单 + 系统智能推荐"方法为辅。这样做的意图在于扩大达人相似观众投放的预算，促使直播间成交用户数据增长，便于系统识别账号定位进行精准流量推送，增加产品成交量。

老练阶段：投放方法与生长阶段相似，系统积累一定数据之后可以将直播间直接经过系统智能投送给精确用户，促进成交。

4）科学的数据洞察监测

系统可提供短视频推广及直播推广的数据洞察与监测，让投放效果随时可查。抖店后台的数据管理项，可以检查实时数据、历史数据、直播数据、短视频数据等。例如，图 6-1 所示为视频播放数据图，从中可以看出实时数据变化和具体变化值。

播放量
155.9万
-

完播率
19.4%
+2%

作品搜索量
133.9万
-5%

投稿数
0
-

图 6-1 视频播放数据图

3. 产品优势

1）适配电商场景

抖音小店随心推通过与抖音电商的深度融合兼顾内容加热与成交助推，针对直播和短视频两大兴趣电商场景，兼顾浅层内容加热与深层成交目标，为商家和带货达人量身打造专属电商角色。从浅层来看，抖音小店随心推推出的投放方式更加多样化，在根据优化目标进行投放时，支持自动投放和手动投放，也可以根据播放量进行投放。从深层来看，抖音小店随心推推广的目标更符合电商用户的投资需求，能够加强电商属性，优化底层策略和电商属性的深度转型目标。

2）入驻便捷高效

系统根据登录角色身份自动抓取引导开户，无论是电商达人还是广告主，系统通过自动抓取资质，实现一站认证，广告主可复用店铺主体资质，达人可复用商品橱窗资质；多场景入口，下单页面一键开户，找到展示抖音店铺商品的短视频／直播间或通过个人中心进入抖音小店随心推页面，即可进行开户操作。

3）投放成本较低

抖音小店随心推帮助电商用户打破充值门槛与专业团队限制，采取百元起步的订单制投放，一单一投，无须提前充值，无须大额资金，无须技术团队，帮助电商用户做到无门槛投放、随时随地投放。

6.1.2 抖音小店随心推投放方法

1. 开户流程

进入抖音 APP 的账号页面，选择认证类型，完成资质认证信息填写，开户完成，如图 6-2 所示。

2. 投放流程

（1）视频投放。

选择要推广的视频→选择优化目标→选择投放时长→选择推荐方式→设置投放金额→选择支付方式→支付下单，部分操作页面如图 6-3 所示。

图 6-2　开户流程

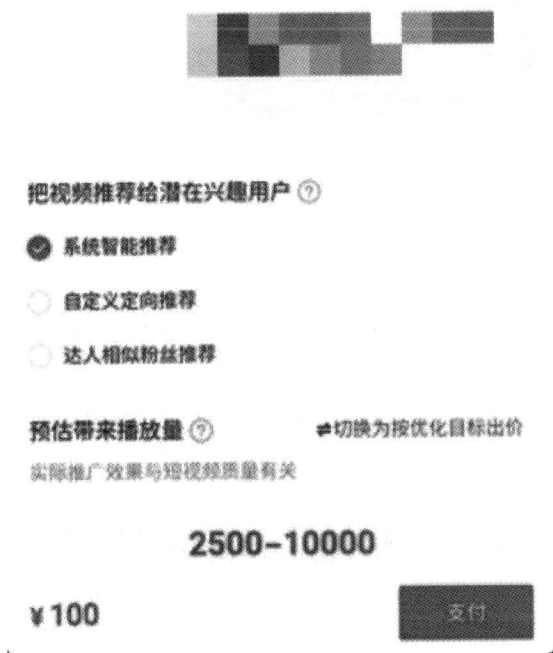

图 6-3　视频投放

（2）直播投放。

选择要推广的直播间，选择投放金额，选择图 6-4 所示的"优化目标为直播间成交，如需修改请前往自定义设置"选项，在图 6-5 所示的页面中进行加热方式（直接加热直播间或短视频加热直播间）、期望曝光时长、投放人群等的设置，选择支付方式，并同意直播间引流承诺函后支付下单。

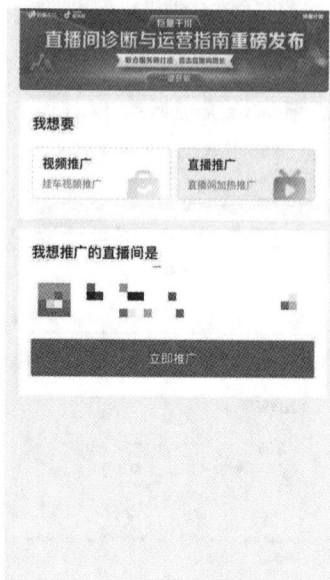

图 6-4　直播推广

图 6-5　直播推广设置

📖 【课外拓展】

抖音小店随心推投产低的原因

抖音小店随心推投产低的原因主要包括：

①抖音小店随心推广告竞争激烈。选择抖音小店随心推的达人、商家数以百万计，竞争程度可想而知，为抢量，出价不断被拉高，ROI 自然下降。

②视频素材质量不高。抖音小店随心推素材也需要新奇的内容吸引消费者，如果投放低质量视频，消费者可能直接跳过。

注意：很多达人、商家不能实时监控抖音小店随心推投放数据，导致明显亏损计划没终止，这时需要自动化工具监控及时关停。

6.2　抖音主播券引流

抖音主播券是一种促销工具，主播通过发放优惠券来吸引观众关注和购买商品。

6.2.1　认识主播券

主播券是一种新的精选联盟达人营销方法，达人可自行承担成本并创建主播券，通过达人自主让利提升所带货品销量，也会帮助商家提升收益。主播券由带货达人来承担成本，不影响商家付出的佣金和最终的货款收入。

例如，店铺商品售价为 200 元，佣金比例为 10%，A 达人就该商品创建了主播券，面额为 10 元。用户下单购买，在结算时，商品 200 元，其中，190 元由用户实际支付，10 元由达人支付给商家，商家仍按照佣金比例 10% 结算佣金。相当于达人佣金让利给了用户，以带动更多的销量。

注意：主播券需商家提前授权达人对店内精选联盟商品创建主播券，如未授权，达人无法对店内精选联盟商品创建主播券。

6.2.2　主播券相关操作

1. 主播券结算规则

商家自主选择是否允许达人为其精选联盟商品设置主播券，授权后，结算规则如下。

①佣金基数：包含用户成功购买商品或服务支付的订单费用，以及主播券达人支付的费用；但不含运费、平台 / 商家优惠券、积分等非用户货币支付的费用。

②佣金比例：以商家为发放主播券达人设置的佣金比例计算佣金。

③佣金结算公式：佣金 = 佣金基数 × 佣金比例。

例如，用户购买商家 200 元的商品（商家设置佣金比例为 10%），使用了 10 元主播券、10 元平台券情况下，佣金基数为 190 元（即 200 元的售价减去 10 元平台优惠券），商家应支付佣金 19 元。

2. 主播券相关注意事项

①领取或使用主播券时，不得自行或协助第三方通过作弊手段领取、恶意套现、刷取信誉、虚假交易等。一经发现，平台有权视行为严重程度采取不支持货款结算、中止或终止商家使用营销产品等措施。

②对于店铺中具体可使用主播券的商品或服务范围，平台有权进行设置。

③商家授权后，所有带货达人可对店铺内所有精选联盟的商品创建主播券。

④商家应向达人开具发票，发票金额为实际获得的主播券金额。

3. 主播券相关操作方法

1）创建主播券

（1）为建券资金进行充值。

建券前要先确认可用券资金是否有余额，达人要根据余额进行建券动作，如余额不足，要先在巨量百应后台进行充值。可选择不同档位进行充值，如果固定档位没有想要充值的金额，也可选择自定义设置充值金额，自定义金额要大于 1 元。

（2）新建主播券。

进入巨量百应后台，单击"直播管理"→"营销管理"→"主播券管理"→"新建主播券"，开始设置主播券信息，主播券有效期最长为6小时，建议开播前进行设置。

2）发放主播券

进入巨量百应后台，单击"直播管理"→"直播间发券"→"主播券"，并选择要发放的券批次，在操作列单击"立即发券"即可在直播间进行发券。发放后，用户可在直播间进行领取。

3）暂停发放主播券

对于已经在发券的批次，在发券列表的操作列单击"暂停发券"即可在直播间停止发券动作。

注意：自卖商品、非抖音店铺商品、商家关闭达人营销授权的商品，暂不可设置主播券。如商家关闭达人营销授权，达人可联系商家进行授权。

6.3　DOU+ 引流

DOU＋是抖音平台提供的一种付费推广服务，允许用户通过支付一定费用来增加视频的观看量。

6.3.1　认识 DOU+ 引流

DOU＋主要针对企业商户和个体工商户（需实名认证），这些商家可以利用DOU＋的营销推广功能做营销宣传。而所有的抖音用户，可以利用 DOU＋的内容加热功能帮助自己发布的内容上热门。该款产品的优势包括以下方面。

1. 提升不同场景投放热度

①视频场景投放 DOU＋：不仅能高效增加视频播放量与互动量，还能增加视频热度与人气，吸引更多兴趣用户进行互动与关注，实现增加粉丝关注量、提升用户线索留存等目标。

②直播场景投放 DOU＋：能够增加直播间热度、曝光量，从而带来更多观众进入直播间，帮助解决直播间人数少、粉丝量少和冷启动难等问题。

2. 营销能力多元化

DOU＋原生互动、本地生活、线索留资、引流电商四大营销能力，能够分重点、分阶段地连接起企业和个人，缩短获客链路与成单周期。

①原生互动：在短视频和直播两大场景下，DOU＋能够帮助企业分别实现增加视

频点赞评论量、粉丝量、主页流量和小程序点击量，以及实现增加直播间人气、提升观众互动效果、直播间涨粉和观众打赏等八大转化目标，最终解决养号、增加主页综合曝光量、增加直播观看量与互动量的诉求。

②本地生活：为实体商家获取新高销售额。具体措施包括以下几个方面：

门店加热，门店附近 6 ～ 15 km 范围内精准投放，带动附近客户进店；

优惠商品推广，提升团购购买率和顾客到店率；

小风车引流，增加直播间人气，促进团购商品成交。

③线索留资：短视频场景下有线索量和评论链接点击两种转化目标，支持抖音私信、联系电话、落地页多种方式进行线索收集，提升用户获客效率。

④引流电商：对视频加热时使用店铺引流、商品引流投放目标，一键引流淘宝、京东平台。

3. 账号升级，助力营销推广

如投放的内容涉及营销属性，则需完成账号升级。账号升级后具有以下优势。

①投放范围广：投放流量远大于账号升级前，跑量能力提升。

②视频内容丰富：账号升级后可以投放营销属性视频（即介绍产品，有商业营销性质的视频内容）。

③转化目标多：增加线索量、优惠商品推广等多个关键转化目标，投放效果提升，成本降低。

6.3.2　DOU+ 引流投放场景

1. 视频 DOU+

视频 DOU ＋ 是一款为抖音创作者提供的视频加热工具，不仅能高效增加视频播放量与互动量，还能增加视频热度与人气，吸引更多兴趣用户进行互动与关注，实现增加视频互动量、增加粉丝关注量等目标。除了能给自己的视频投放 DOU ＋ 加热，还可以为他人视频进行 DOU ＋ 加热，通过手机端即可进行操作。

2. DOU+ 直播上热门

DOU ＋ 直播上热门是 DOU ＋ 服务中的一种，是一款为抖音主播提供的直播间加热工具，能够增加直播间的热度，从而带来更多观众进入直播间，帮助商家解决直播间人数少、粉丝量少和冷启动难等问题。直播间进行 DOU ＋ 投放需要满足的条件包括直播内容通过审核以及直播间没有挂载购物车组件，加热方式分为直接加热直播间、选择视频加热直播间。

①直接加热直播间：主播在开播后直接对直播间进行实时加热，无须选择视频即可增加直播间的热度。

②选择视频加热直播间：通过加热用户选择的原有视频作品，在推荐页触达更多用户，引导其通过该视频作品进入直播间，从而增加直播间的热度和人气。图 6-6 所示为 DOU ＋ 直播上热门具体选择页面。

图 6-6　DOU+ 直播上热门

6.4　抖音短视频引流

抖音短视频作为抖音平台的核心内容形式，对于抖音店铺的推广具有极其重要的作用。

6.4.1　短视频挂链引流

1. 挂链引流类型

挂链引流类型包括评论区挂链、视频左下角挂链、添加抖音落地页链接等。

1）评论区挂链

评论区挂链指在视频评论区挂商品广告链接。要想在评论区挂广告链接，首先要开通一个橱窗功能。开通橱窗功能需要完成账号的实名认证，粉丝量不少于 1000 人，公开发布不少于 10 条的内容等。开通好之后选择上传视频，在视频的下方区域放入广告的链接地址，用户就能在评论区的最上方看到这个广告链接。如果广告主做的小视频有互动性，就能吸引更多的用户进入评论区看到此链接，更容易达到推广营销的目的。

2）视频左下角挂链

商家或广告主可以在视频左下角添加完整商品链接。在抖音上挂广告链接，还可以直接通过剪辑视频的方式去添加。在剪辑视频的时候，可以通过剪辑软件的字幕功能在视频预览框内输入链接地址，添加成功后即可在视频左下角看到广告链接；也可以把链接地址直接转换为图片导入剪辑软件中进行编辑。

3）添加抖音落地页链接

落地页，简单而言就是网站。想要在抖音添加落地页链接，首先要注册巨量引擎账号，巨量引擎是抖音官方提供的广告投放平台。在注册完成之后，需要完成企业认证，然后就可以进行网页链接或者 APP 下载链接的投放。要想创造自己的落地页，需要用抖音账号登录橙子建站网站即可开始制作。

2. 链接添加方法

①打开抖音 APP，进入自己的账号主页的"抖音创作者中心"，如图 6-7 所示。

②在新页面中单击"全部"，选择"商品橱窗"选项，如图 6-8 所示。

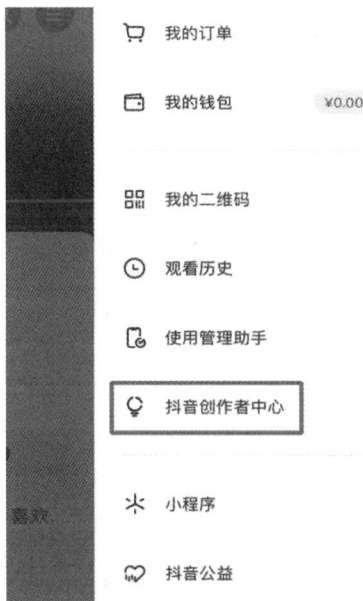

图 6-7　进入"抖音创作者中心"　　　图 6-8　选择"商品橱窗"选项

③需要满足公开发布视频数不少于 10 条、抖音账号粉丝量不少于 1000 人，并完成实名认证，如图 6-9 所示。

④进入发布页面，单击"添加标签"选项，如图 6-10 所示。

⑤在弹出的页面中，选择商品并单击"我的橱窗"，单击商品后面的"添加"按钮，如图 6-11 所示。

⑥在弹出的页面中，进行短视频推广标题的输入等，单击"确定"按钮。如图 6-12 所示。

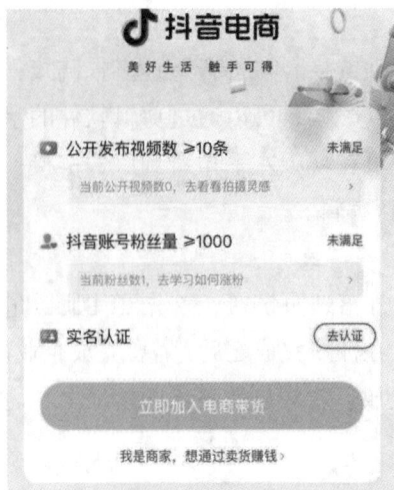

图 6-9　满足条件

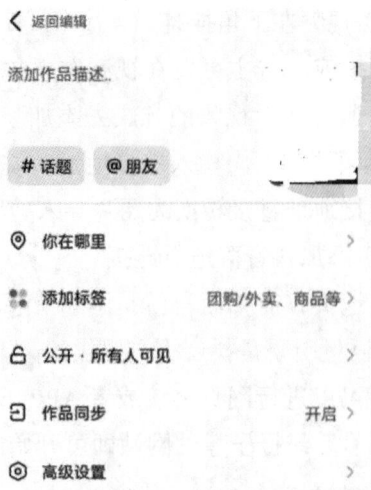

图 6-10　添加标签

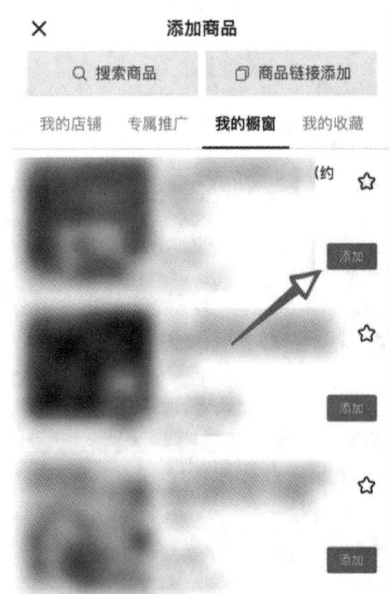

图 6-11　添加商品

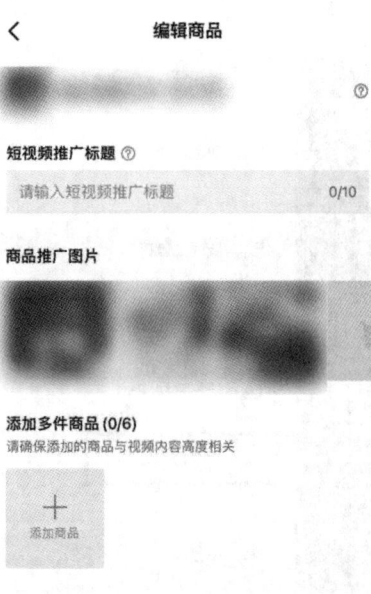

图 6-12　输入标题

⑦返回发布页，即可查看到添加的商品，然后再单击"发布"按钮。

6.4.2　短视频内容引流

短视频内容引流方式包括日常摆拍、商品使用教学、好物"种草"、剧情带货等。

1. 日常摆拍

1）街拍

街拍，通过演员走路、跳舞等行为，从各种角度展示服装、饰品等在户外实际场景中的效果。相较于简单的图文而言，街拍展示更加生动形象，可以在短短十几秒完成全方位的展示。但街拍引来的粉丝不够精准，且粉丝没有归属价值，所以难以通过直播来卖货，可以依靠视频同款、商品橱窗等模式带货。

2）店铺摆拍

店铺摆拍适合个人商家，商家不需要模特，只需要拍摄店铺内商品的状态，操作成本比较低。而且长期的拍摄，容易让用户产生信任感，成为老顾客。

店铺摆拍不需要太多的技巧，只需要真实自然。而且在店铺内的拍摄可以包含更广泛的产品类目，比如内衣、睡衣等。但是如果商家的个性化、产品力不强的话，很难打造"爆款"，粉丝数难以上涨。

3）生活摆拍

生活摆拍方式具有明确的代入感，它比街拍、室内固定的场景更多元，给了用户更多喜欢、购买的理由。最重要的是，生活摆拍的方式能塑造丰富的人物形象，具备很高的带货能力。

2. 商品使用教学

1）配音型

配音型适用于口头表达能力有限的主播。可以将文案编辑好并让主播录制视频，之后找人配音。需要注意的是，不要频繁地更换主播。

2）自述型

自述型适用于表达能力较强的主播。主播主动向粉丝分享商品日常使用的心得，这种方式比较容易拉近与粉丝的距离，使粉丝产生信任感；但需注意要简单直接地说明商品使用的心得及使用场景，让用户更容易理解。

3. 好物"种草"

好物"种草"是指向用户推荐有价值、物美价廉的商品，帮助用户发现商品，展现体验过程，给用户提供产品购买相关建议。这种方式既有商品使用教学的环节，也有生活摆拍的环节。

4. 剧情带货

剧情带货是指主播在直播间内通过剧情演绎，如演绎情侣、母子、姐妹等之间的各种搞笑、夸张的剧情，进行间接带货。在做剧情带货之前，需要明确选题。确定选题可以从图 6-13 所示的几个方面出发。

图 6-13　选题来源

①生活事件：在自己或他人生活中寻找素材。

②同类模仿：根据商品用户定位，寻找相关视频，并拍摄与这类视频剧情思路类似的视频。

③热门剧集：搜集抖音热门视频，并分析其剧情特点，制作属于自己的热门视频。

④粉丝投稿：在拥有一定体量粉丝的基础上开展粉丝分享活动，从中选取合适的题材进行创作，这种选题更贴近粉丝生活，能精准定位粉丝心理，更容易打造热门视频。

【实训演练】

实训背景

小王是一位电商新人，经过市场调研与分析，他决定在抖音平台上开店，经营自产的服装。他已经完成了店铺入驻、选品、商品发布、店铺装修等工作。他在开店之前在抖音平台发布过搞笑视频，具有一定的粉丝基础，他也认识一些抖音带货达人，现在他想要推广自己的商品及店铺。

实训要求

①根据背景内容为小王选择合适的推广、引流方式。
②完成相关推广、引流流程。

【复习思考】

一、单选题

1. （　　）不是短视频的投放目标。

A. 点赞评论　　　　　　　　　　　B. 粉丝提升

C. 直播间商品点击　　　　　　　　D. 商品购买

2. （　　）不属于短视频投放时长。

A. 1 小时　　　　B. 2 小时　　　　C. 6 小时　　　　D. 12 小时

3. （　　）不属于短视频内容引流方式中日常摆拍的内容。

A. 街拍　　　　　B. 店铺摆拍　　　　C. 生活摆拍　　　　D. 剧情带货

二、多选题

1. （　　）是在短视频场景下抖音小店随心推的目标用户来源。

A. 系统推荐　　　B. 自定义　　　　C. 达人相似　　　　D. 点赞评论

E. 抖音好友

2. （　　）是抖音小店随心推的产品优势。

A. 适配电商场景　　　　　　　　　B. 入驻便捷高效

C. 科学的数据洞察监测　　　　　　D. 投放成本较低

E. 操作简单

3. （　　）属于剧情带货的选题来源。

A. 生活事件　　　　　　　　　　　B. 热门剧集

C. 同类模仿　　　　　　　　　　　D. 粉丝投稿

E. 教学片段

三、判断题

1. 抖音小店随心推针对直播和短视频两大兴趣电商场景，帮助电商用户在直播与短视频场景下达成投放优化目标，但只能实现浅层目标的覆盖。（　　）

2. 一般来说，在视频的投放初期，多按照优化目标出价。（　　）

3. 达人相似粉丝推荐比较适合给账号贴标签，获取精准用户。自定义定向推荐适合有针对性的推广。系统智能推荐成本较低，但比较依赖账号标签的精准度，可以让系统推荐潜在人群。（　　）

四、简答题

1. 简述 DOU＋引流的优势。

2. 简述主播券的相关操作方法。

项目 7
拼多多店铺推广与引流

【知识目标】

1. 熟悉场景推广的含义、类型以及场景策略。

2. 掌握多多进宝推广的作用和投放方法。

3. 掌握多多进宝的常用推广方式。

◎ 【技能目标】

1. 能运用场景推广策略完成场景推广。

2. 能完成多多进宝的投放。

◎ 【思政目标】

1. 具备数据敏感性。

2. 在投放推广中树立成本意识。

3. 明确平台推广需要遵守的相关法律并增强法律意识。

◎ 【案例讨论】

小李是一位电商新人，她在拼多多平台开了一家网店。她已经完成了店铺入驻相关工作，完成了选品并寻找到了合适的货源，后来通过学习专业知识完成了拼多多店铺装修。但是在商品发布一个月后，店铺浏览量和商品购买量较少，她通过查询网络资料，明白了要想增加店铺和商品流量需要进行推广。她又发现拼多多店铺引流方法很多，可是自己对这些方法了解很少，所以她对此很苦恼。

◎ 思考

小李可以选择哪些拼多多店铺引流方法？这些方法都有什么特点？

7.1　场景推广

拼多多以其独特的社交购物模式而闻名，用户可以通过参与拼团购买商品来享受更低的价格。通过场景推广，拼多多能够吸引用户参与到购物过程中，提高用户的活跃度，增强用户粘性，从而提高转化率。

7.1.1　场景推广的含义

在拼多多上进行场景推广是商家增加销售量的有效方法。场景推广是指将商家的产品与拼多多平台上的各种主题场景相结合，通过设置相应的广告位和展示形式，将广告内容以更生动的形式呈现给用户。这种方式可以更好地吸引用户的注意力，加强用户对广告信息的记忆，从而增加销售机会。

7.1.2　场景推广的类型

在拼多多平台上，主要有以下几类场景推广。

1. 首页人气推广

拼多多平台首页是各类商品展示的竞争场所。首页是拼多多平台拥有千万商品量级的场景，是用户打开拼多多 APP 后首先映入眼帘的内容，首页商品会个性化推荐给拼多多用户。商家可以通过竞价获得热门位置，从而在首页核心位置展示广告，吸引更多用户点击。例如，图 7-1 所示为首页推荐人气商品，不同用户的推荐商品可能不同，首页推广是由商品、店铺人气与用户喜好共同决定的。

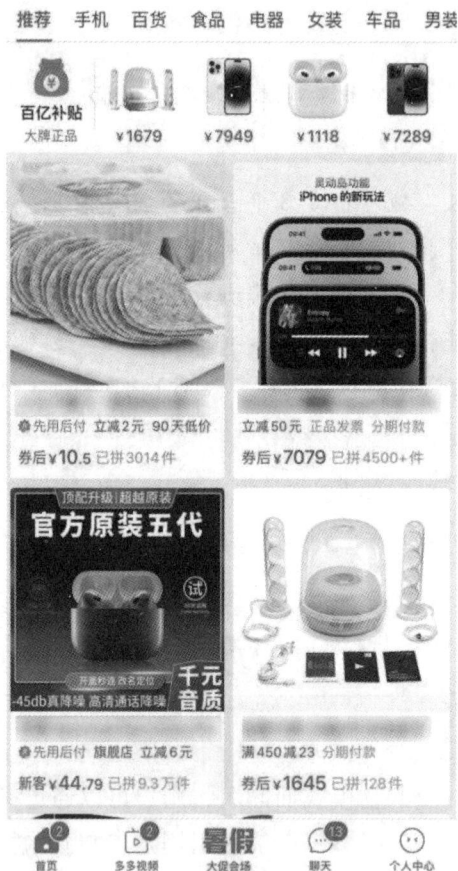

图 7-1　首页推荐人气商品

1）首页人气推广的优势

首页人气推广的优势包括首页亿级曝光量、长期稳定的流量加持、帮助商品快速积累基础销量。

2）参加首页人气推广的方式

参加首页人气推广有以下两种方式。

①在拼多多商家后台左侧导航栏中，单击"营销活动"进入营销活动首页，搜索关键词"首页"，即可快速找到首页推荐专区报名入口，如图 7-2 所示。

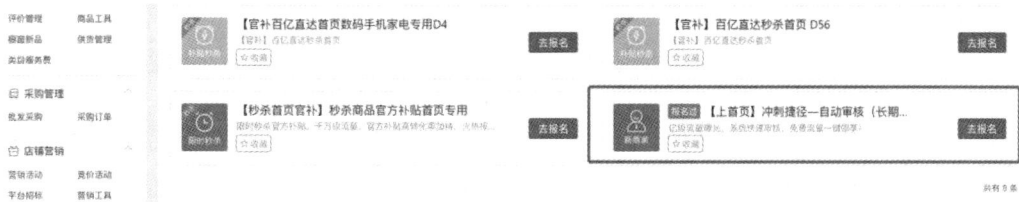

图 7-2　首页推荐专区报名入口

②手机端商家后台改价上首页。

在商品满足首页商品池基本规则和无任何违规问题的前提下，商家可以进入拼多多商家版 APP 首页，根据"改价上首页"的弹窗卡片提示，调价至商品建议价后进入首页商品池，获得首页流量，如图 7-3 所示。

图 7-3　改价上首页

2. 商品详情页推广

当用户浏览一个商品的详情页时，平台会根据用户的历史购买数据和浏览记录提供相关商品，商家可以通过竞价获得更多的展示机会，让广告以明显的相关性展示在商品详情页中，提高用户的购买转化率。图 7-4 所示为某店铺男装的商品详情页推广，商家设置了店铺内其他相似商品推广和按照商品风格、款式进行其他商品推广的"你可能在找"推荐栏。

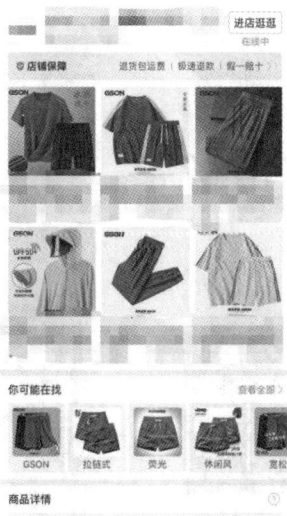

图 7-4　某店铺男装的商品详情页推广

拼多多商品详情页包括商品推荐、购买须知、常见问题、用户评价、同类推荐、店铺推荐等。

商家可登录店铺后台，进入商品管理，选择商品详情，根据商品属性、用户评价等因素，选择合适的推荐位置进行设置。例如，对于化妆品商品，可将用户评价和同类推荐放置于较为显眼的位置；对于家具商品，则可以将购买须知和常见问题等内容放置于比较突出的位置。商家应不断优化推荐内容，加强与商品的相关性。在推荐内容上，应侧重呈现商品的特色、优势、品质等方面，同时需考虑用户需求和兴趣等因素，做出合理的推荐设置。商家还需注重推荐内容的真实性、客观性，避免虚假宣传和夸大宣传。同时，应遵守拼多多的广告规范和相关法律法规，避免违规行为。

3. 搜索结果页面的推广

当用户搜索产品关键词时，平台会向其展示相关的搜索结果页面，商家可以通过竞价获得更多的展示机会，在搜索结果页面中呈现广告信息，吸引用户点击。图 7-5 所示为搜索"短裤男夏季"后的结果，可以看到排名靠前的商品的价格、销量、品牌等综合竞价实力强。

4. 精选内容推广

拼多多平台会定期发布关于当前热点话题和类别的精选内容，并提供相应的推广位。商家可以通过竞价获得更多的展示机会，在这些内容中呈现广告信息，吸引更多的用户关注。例如，北京冬奥会这一热点话题，拼多多平台会针对该话题提供北京冬奥会联名商品、北京冬奥会同款商品、北京冬奥会纪念品等商品推广位。图 7-6 所示为北京冬奥会相关推荐商品。

图 7-5　搜索结果页面的推广

图 7-6　精选内容推广

5. 小程序页面推广

拼多多平台有自己的小程序，商家可以在小程序的相关页面展示广告内容，吸引用户点击并进店购物。例如，在拼多多平台首页单击"其他"可以进入图 7-7 所示的小程序页面。单击"9 块 9 特卖"后进入图 7-8 所示的商品推广页。推广页中设置有不同专区，吸引不同需求的用户选择商品并完成购买。

图 7-7　小程序页面推广

图 7-8　商品推广页

7.1.3　场景推广的策略

1. 初期策略——创建计划，获取流量

初期需要通过了解流量结构和流量性质，结合店铺特点、用户画像为场景推广创建计划，同时初步获取店铺、商品流量。了解流量结构可以通过搜索商品类目排名和拼多多开展的场景活动进行，了解流量性质可以通过浏览各类商品的类目商品页、商品详情页、营销活动页、优选活动页完成。

2. 中期策略——调整出价，打造"爆款"

中期的推广采用低价多推的策略，即花费较低的推广成本，采用较为粗糙的推广方式吸引大量用户，增加店铺曝光量和点击量。

低出价策略为店铺吸引了大量流量，为店铺打造了粉丝基础。但是长时间的低出价、对普遍人群的场景推广会导致商品曝光量逐渐减少且伴有基础出价升高，进入中期后可以进行访客定向和相似商品定向设置。

如果低出价策略导致没有点击量、只有曝光量的情况，可以逐步将低出价策略调整为降低对普遍人群的基础出价，提高向精确用户推广的基础出价，进行访客定向和相似商品定向设置的策略。通过选择价格较高的场景推广方式吸引精确用户流量，进行访客定向和与店铺发展方向、用户画像相吻合的商品定向设置。

如果低出价策略下，曝光量、点击量都维持在正常水平，需要通过测试场景推广图片，保留点击率最高的创意图，更换点击率低的创意图。

3. 后期策略——优化出价，提升投产比

以三天为周期，每三天降低一次基础出价。持续降价 1 ～ 3 周，持续观察并绘制图表，找出高 ROI 和低 ROI 的时段。

📖 【课外拓展】

拼多多搜索结果页面的推广是一种付费广告服务，可以帮助商家增加商品曝光量和销量。为了在拼多多搜索结果页面的推广中取得成功，可以尝试以下技巧。

①选择合适的关键词：了解目标用户的搜索习惯，找出与商品相关的热门关键词。可以利用拼多多后台的数据分析工具或第三方关键词工具进行研究。同时，尽量选择与商品特点、优势相关的长尾关键词，以降低竞争程度和推广成本。

②设定合理的出价：根据关键词的竞争程度和预期收益，设定合适的出价。可以适当提高热门关键词的出价，以增加曝光量；对于长尾关键词，可以设定较低的出价，以降低推广成本。

③优化商品页面：确保商品页面中具有高质量的图片、详细的描述和良好的评价。优化后的商品页面有助于提高广告点击转化率和降低广告费用。

④监控推广数据：定期查看推广数据，了解关键词表现、广告费用和转化情况。根据数据反馈，调整推广策略，优化关键词和出价。

⑤使用智能推广工具：拼多多平台提供了一些智能推广工具，如智能出价等。可以尝试使用这些工具，根据算法自动调整出价，提升推广效果。

⑥分时段推广：分析用户活跃时间，设定分时段推广策略。在用户活跃度较高的时段提高出价，可以增加曝光量和提高转化率。

⑦测试和调整：尝试不同的关键词、出价和推广策略，测试推广效果。根据测试结果，调整推广策略，以获得最佳推广效果。

7.2　多多进宝推广

多多进宝是拼多多平台为商家提供的新营销工具，商家可以在多多进宝给推手设定一定的佣金比例，让推手帮助拼多多商家分享商品链接，可以实现推手获利和商品销售的双赢，跟淘宝平台的淘宝客类似。

7.2.1　多多进宝推广作用

1. 增加销量

店铺销量对店铺有积极影响，不管是参与活动还是排名的提升，销量的增加对其帮助很大。多多进宝可以帮助商家在前期快速提高销量，而且没有门槛要求，所以对于新入驻的商家较为有利。

2. 累积权重

随着商品销售量的增加，店铺权重自然会增加，店铺权重的增加对店铺的自然排名和参与活动的转化率效果较好。

3. 拓宽渠道

许多新入驻拼多多的商家都缺乏推广的渠道，预算也比较有限，多多进宝可以进一步拓宽店铺的流量渠道，实现全方位的进出站推广。

4. 增加流量

多多进宝可以为店铺引流，提升店铺知名度和增强消费者粘性。

7.2.2　多多进宝推广投放方法

多多进宝推广投放的步骤如下。

①打开多多进宝并登录，单击"我要推广"菜单，在新的栏目中单击"商品推广"菜单。

②选择拟推广商品类别选项，施以诸多限制条件进行筛选，选择拟推广的商品。单击"立即推广"按钮，如图 7-9 所示。

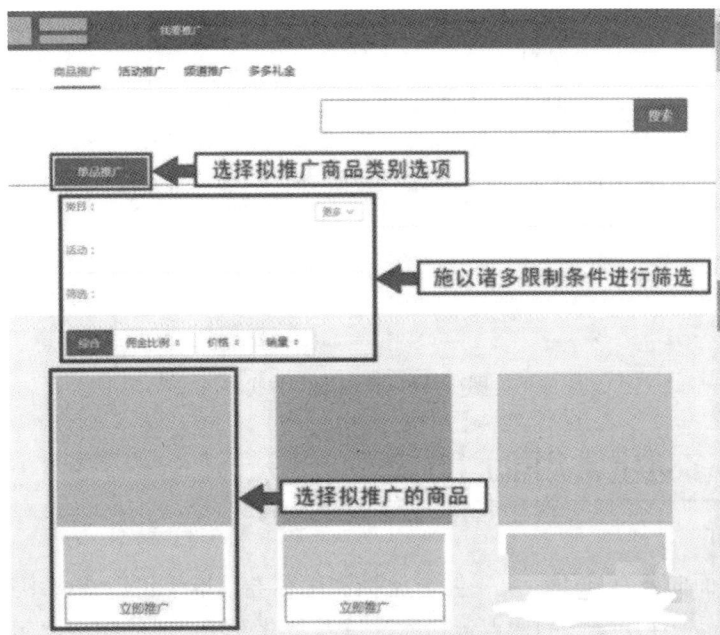

图 7-9　选择拟推广的商品

③在新弹出的页面选择合适的推广计划，设置恰当的推广位，单击"确定"按钮，如图 7-10 所示。

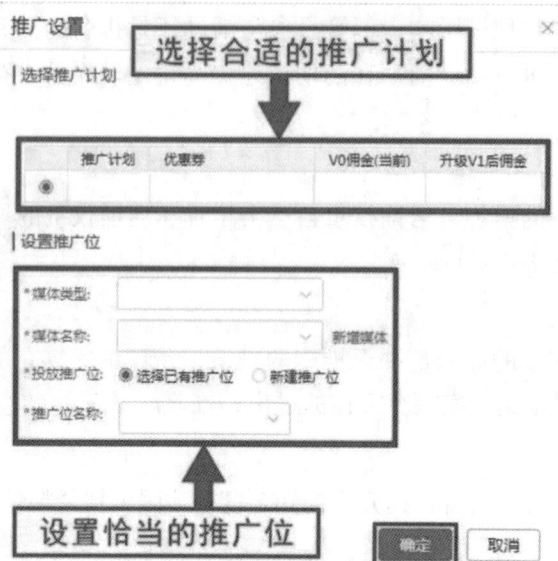

图 7-10　设置推广位

④选择适当的推广方式，单击"复制"按钮，复制商品链接进行推广，如图 7-11 所示。

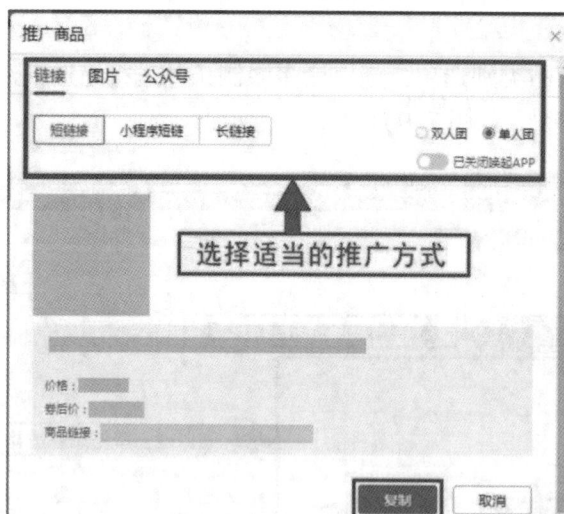

图 7-11　选择推广方式

7.2.3　多多进宝常用推广方式

1. 通用推广

通用推广面向所有推手，统一佣金比例和优惠券，推手可以在多多进宝的推广商品池中找到商品。通用推广的优点包括商家只需要设置好合适的佣金比例，操作简便，有利于商品获得额外的 GMV 和曝光权重；缺点是推手资源缺乏稳定性。

如果商家想快速帮助新品实现销售，建议使用通用推广，让新品得到更多的曝光，该推广方式适合在初期使用。

2. 专属推广

专属推广面向特定的合作推手，为其建立独立的佣金通道，只有对应 ID 的推手能获得此佣金比例。专属推广优点包括商家可以根据推广目标，控制推广量与投入成本；可追踪判断推手资源效果，达成稳定合作。

专属推广比较适用于要积累基础销量或快速起量的商品，适合在中期使用。

3. 招商推广

招商推广，给招商团长设置独立佣金，由此人集中派发推手任务。

招商推广优点包括：

①资源丰富、爆发性强、持久度高，联合式推广有利于商品提高 GMV；

②方便商家找到优质可信赖的团队；

③能配合商品运营进程，掌控推广节奏。

招商推广缺点是投入比较大，需要根据店铺运营的需求决定是否采用招商推广。

商品进入爆发期后，多多进宝招商推广可以帮助稳定商品的销量，提高 GMV，进入首页获得更多的曝光量和流量。

厈【实训演练】

实训背景

小王是一位电商新人，经过市场调研与分析，他决定在拼多多平台上开店，经营自产的服装。他已经完成了店铺入驻、选品、商品发布、店铺装修等工作。现在他想要推广自己的商品及店铺，小王决定为推广活动设定预算，一个月为 5000 元。由于拼多多平台提供了多种广告工具，如搜索广告、展示广告等，小王决定根据自己的预算分配广告费用，他选择在即将到来的一个月内进行推广活动，以便在短期内吸引更多潜在用户。小王决定推出一系列折扣和优惠活动，他为新用户提供 9 折优惠，同时为购买满 200 元的用户提供满减优惠（如"满 200 减 20"）。小王通过查询资料得知，可以在微信、微博等社交媒体平台上发布关于自己店铺和商品的信息，以扩大品牌知名度；可以将剩余的预算用于在这些平台上投放广告。

实训要求

①根据背景内容为小王选择合适的推广、引流方式。

②完成相关推广、引流流程。

✎【复习思考】

一、单选题

1. 某搜索推广，1000 次曝光，点击率是 3%，以下一名的出价为基础，每点击一下按 0.3 元计算，那千次曝光的成本是（　　　）。

A. 9元   B. 3元   C. 6元   D. 12元

2. 招商推广的优点不包括（   ）。

A. 资源丰富、爆发性强、持久度高

B. 方便商家找到优质可信赖的团队

C. 能配合商品运营进程，掌控推广节奏

D. 推广投入小

3. 场景推广策略不包括（   ）。

A. 初期策略——创建计划，获取流量

B. 中期策略——调整出价，打造"爆款"

C. 后期策略——优化出价，提升投产比

D. 全程策略——不考虑成本优先推广

二、多选题

1. （   ）是拼多多场景推广的类型。

A. 首页人气推广   B. 商品详情页推广

C. 搜索结果页面的推广   D. 精选内容推广

E. "种草"推广

2. （   ）属于多多进宝推广作用。

A. 增加销量   B. 累积权重

C. 拓宽渠道   D. 增加流量

E. 增加平台知名度

3. （   ）属于拼多多搜索推广的技巧。

A. 选择合适的关键词   B. 设定合理的出价

C. 优化商品页面   D. 监控推广数据

E. 持续增加投入

三、判断题

1. 拼多多场景推广初期需要通过了解流量结构和流量性质，结合店铺特点、用户画像为场景推广创建计划，同时初步获取店铺、商品流量。（   ）

2. 如果低出价策略导致没有点击量、只有曝光量的情况，可以逐步将低出价策略调整为降低对精准用户的基础出价，提高向普遍人群推广的基础出价，进行访客定向和相似商品定向设置的策略。（   ）

四、简答题

1. 简述拼多多场景推广的类型。

2. 简述多多进宝常用推广方式。

项目 8
小红书店铺推广与引流

⊙ 【知识目标】

1. 了解品牌达人推广投放的含义。

2. 熟悉品牌达人推广投放的流程。

3. 了解薯条推广的含义和类型。

4. 理解薯条推广的适配账号及全链路流量运营方法。

5. 了解信息流广告的含义。

6. 掌握信息流广告的投放形式。

⊙ 【技能目标】

1. 根据流程完成品牌达人推广投放。

2. 能完成对品牌达人的选择。

3. 能完成信息流广告的投放。

⊙ 【思政目标】

1. 能意识到竞品分析在达人推广中的重要性。

2. 能在品牌推广中不夸大其词，具备诚实守信的职业素养。

⊙ 【案例讨论】

小李是一位电商新人，她在小红书平台开了一家网店。她已经完成了店铺入驻相关工作，完成了选品并寻找到了合适的货源，后来通过学习专业知识完成了小红书店铺装修。但是在商品发布一个月后，店铺浏览量和商品购买量较少，她通过查询网络资料，明白了增加店铺和商品流量需要进行推广，她又发现小红书店铺引流方法很多，可是自己对这些方法了解很少，所以她对此很苦恼。

⊙ 思考

小李可以选择哪些小红书店铺引流方法？这些方法都有什么特点？

8.1 品牌达人推广投放

小红书是一个以内容分享和社区互动为核心的社交平台，尤其在年轻用户群体中具有很高的影响力。通过与达人合作，品牌可以迅速提升在小红书平台的可见度，吸引更多潜在顾客的注意。粉丝群体对达人的信任也将转化为对品牌的信任。

8.1.1 品牌达人推广投放含义

品牌达人推广指的是品牌方将自己需要推广的产品交给达人，达人根据品牌方的要求使用体验产品后，创作出图文或视频内容，并通过自己的账号将内容发布，达人可以获得一定的实物或者费用报酬，品牌方可以获得品牌曝光、销售转化的过程。其中品牌方与达人的关系如图 8-1 所示。

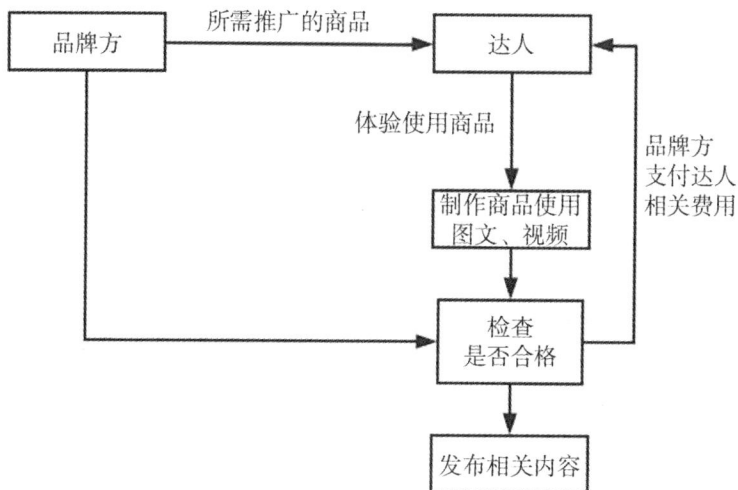

图 8-1　品牌方与达人的关系

8.1.2　品牌达人推广投放流程

品牌达人推广投放分为 6 个步骤，分别是需求发起、招募筛选、定人定档、体验创作、发布结款、结案复盘，如图 8-2 所示。

图 8-2　品牌达人推广投放流程

1. 需求发起

一般情况下，品牌方具有品牌宣传或产品推广的需求之后，首先要确定推广的渠道，例如，商家选择小红书渠道。选定渠道后，再决定推广的投放预算和目的。一般推广预算和目的由品牌方市场部及相关上级共同制定。有了预算，投放工作才能顺利开展。品牌方的市场部负责人会根据投放的预算和目的，制定本次投放的策略与合作方式。

2. 招募筛选

根据策略和完成的难度，品牌方可以自行决定自己去找达人完成投放，或是委托第三方机构协助，又或是两者同时进行。给品牌方做达人投放策略和执行的第三方机构有很多，如一些独立工作室、MCN 机构、传媒公司、广告公司、第三方数据公司等，品牌方可以根据自己的情况选择。品牌方和第三方机构的合作程度，也有所不同。一些机构可能会从投放策略制定到方案执行、达人筛选和确定，再到结案全程参与，也有可能只是帮助品牌方找到合适的达人，充当外部媒介的功能。

3. 定人定档

初步筛选出有合作意向的达人后，市场专员一对一联系相关达人，将品牌方的合作方式和相关信息给到达人，达人根据品牌方的合作方式、要求、要推广的产品以及自己的情况综合考虑是否合作。例如，有的达人会自己调研品牌、产品是否有负面评价，检查自己是否有档期，合作方式和要求是否能接受，品牌的调性和自己的调性是否相符，粉丝是否会喜欢等。同时，达人也会将自己的合作须知和具体报价上报市场专员。市场专员会根据以往的经验进行处理和沟通，如果达人的合作有特殊需求，如需要先给定金、需先试用产品后再确认是否合作等，市场专员会反馈给相关负责人协调沟通。如果双方都没有异议，即可初步确认合作的人选和档期。

4. 体验创作

如果是实物产品的推广，达人需要提供地址，市场专员联系品牌方寄送样品，样品到达后即可开始体验和创作。达人的初稿完成后，一般需要发给市场专员审核。创作修改的环节，往往是最容易产生冲突的。为了避免不必要的冲突，相关事宜要写得清楚、详细。合作前，机构需要再次提醒相关需求中的重要内容，包括脚本是否需要审核、可修改次数、时长篇幅、验收标准等。

5. 发布结款

稿子确定后，机构需要督促达人按时发布，如果遇到不收录、限流、效果不好、要重发等问题，需要及时与品牌方沟通进行处理。发布后，机构或品牌方也要及时做好评论区维护，应对突发情况。如果遇到数据好的笔记，可以及时追加投流，扩大曝光量级。好的笔记，品牌方可以及时跟达人沟通作品授权，转发到其他平台，进一步扩大曝光。

6. 结案复盘

笔记发布了一定时间后，机构或品牌方一般会做数据回收，根据回收的数据，复盘整理本次投放的情况。电商商家还会从生意参谋等后台，查看投放带来的搜索提升数据、搜索后的转化数据等，综合以上数据，评估本次的投放效果，复盘投放策略和过程，以便在下次投放时作为参考依据。

8.1.3 品牌达人选择

1. 标签匹配

在选择达人前，需要明确产品定位、用户偏好、核心竞争力、产品卖点等，细化以往客群画像，锁定更精准的人群。在选择达人时，不仅要考虑达人行业的垂直度，还要考虑其与产品的适配度，以及粉丝画像人群。垂直达人在"种草"时，能够精准、高效地触达目标用户群体。为了达到上述目的，具体可按照以下几种标签类型选择达人。

（1）垂类标签。

垂类标签是指按照小红书笔记、视频类型划分的标签，如美妆、时尚、萌宠、旅行、生活等。品牌方需要结合产品类型，将产品划分到不同的使用场景，再根据使用场景确定商品推广笔记、视频的垂类标签，根据垂类标签初步筛选相关领域的达人。

（2）内容标签。

在根据垂类标签筛选完达人之后，需要根据内容标签进一步筛选。内容标签即某一垂类标签下笔记、视频具体的表现形式。如美妆类推广笔记，其内容可以通过测评的形式发布，也可以通过拍摄生活 Vlog 的形式发布，这两种形式均属于美妆类这一垂类标签下的内容标签。品牌方可以结合产品定位，确定合适的内容标签，进一步筛选出该内容标签下的达人。

（3）人设标签。

人设标签即达人在日常工作生活中塑造的个人形象特征，包括身份标签和风格标签。

①身份标签即达人日常工作的身份，如律师、科学家、制片人等。

②风格标签即达人拍摄的视频或发布的笔记中展示出的个人特征，如甜美、幽默等。

在完成内容标签的筛选后，可以参照产品定位选择合适的身份标签，再结合用户画像分析用户喜好选择合适的风格标签，从而选出合适的达人。

2. 竞品投放分析

1）通过行业洞察筛选竞品

在进行竞品分析前，需要对整个行业赛道进行准确定位，包括赛道是否为头部垄断、行业整体投放大盘选择等，以此判断本品进入市场的难易度。通过对赛道的整体洞察，品牌方也可确定主要竞品，寻找未来机会点，为后期本品定位和推广做好铺垫。

2）通过竞品分析所需达人

在了解赛道状况及确认竞品后，开始进入达人选择阶段。需要明确的是，竞品分析的核心目的是更加准确预估达人投放成本，寻找合适的达人，可以将小红书竞品分析划分为三大维度。

（1）根据投放成本分析所需达人。

通过各种营销数据平台拉取竞品投放数据，分析竞品不同达人投放量级的出价成本和互动量，以及对应淘宝、京东等平台的搜索成本。用竞品现阶段的达人投放预算，反推本品达到该效果需要的达人投放成本是多少。

达人投放成本计算举例如下。

洗面奶 A 品牌的商业投放互动成本为 6 元 / 次，近 3 个月，洗面奶 A 品牌的投放互动量为 30 万次，对应淘宝、京东等平台搜索增长 9.2 万次。

由此推论：小红书平均 3.3 次投放互动，带来 1 次淘宝、京东等平台搜索。本品所需达人推广费用估计：想要 3 个月内，做到淘宝、京东等平台搜索增量 3 万次，则需预算 59 万元左右。

由此在选择达人时，可以根据推算出的预算成本提出价格条件，寻找合适的达人。

（2）根据投放策略分析所需达人。

根据投放策略分析所需达人主要从投放节奏、投放内容进行分析。投放节奏分析过程中，要明确商品类目是否存在季节性或周期性投放特点，总结竞品投放节奏特点，以此选定本品投放的时间和重点投放节点；进而选择与重点投放节点相符的达人。例如，旅行住宿行业，国庆节前出现投放高峰，众多品牌都会在此节点进行加量投放，流量拦截。该行业品牌方可以选择国庆节推广效果较好的达人完成商品推广投放。

投放内容分析则主要是了解竞品的不同推广内容形式的比例以及效果数据，总结数据表现良好的笔记、复投率高的笔记，为相关达人的选择提供参考。具体来说，选定竞品近 3 个月或 30 天的投放内容，分析图文、视频笔记占比，"爆文"数量，以及"爆文"产生的内容形态，推断"爆文"的复投率、投放成本分配比例。可以制作表 8-1 所示的表格记录数据。

表 8-1　投放内容分析表

项目	笔记情况	A 产品总数据量	"爆文"数量
笔记数据	笔记总量		
	视频笔记量		
	图文笔记量		
	商业笔记量		
笔记类型	合集好物分享		
	单品"种草"		
	横向测评		
	Vlog		

将品牌与达人的契合程度划分为四种等级。

一级（互动量高、效果好）：内容向与达人向高度契合。二级（互动量高、效果差）：内容向与达人向中度契合。三级（互动量低、效果好）：内容向与达人向高度契合，因粉丝量与引流互动量少，所以具有高转化价值。四级（互动量低、效果低）：内容向与达人向不契合。

其中一级最佳，二级和三级可以根据不同情况进行选择，如果品牌处在推广前期阶段，需要大量引流，则选择二级；如果品牌需要打造品牌效应，提升整体品质，则选择三级。四级不作为常规选择。

（3）根据"种草"策略分析所需达人。

"种草"策略需要从笔记内容和达人投放两方面入手分析。笔记内容方面，针对优质"爆文"，从标题、封面、正文、评论等维度进行拆解，梳理出竞品的优劣势、主打核心卖点以及用户舆情分布（评论好坏）；同时，根据整体笔记内容形式的组合和转化数据，找出用户最喜欢的笔记类型、他们最关注的痛点和兴趣点，以此得出本品的核心卖点，搭建自身的"内容矩阵"，并形成可复用的高效转化的内容表达公式。

达人投放需要分析竞品合作的达人类型及数量比例，总结达人的优势特点，评估达人的带货能力，便于后期自身能够准确选择高价值达人，并科学分配投放预算。常见投放分配方式包括金字塔形和橄榄球形。

图 8-3 所示为金字塔形达人投放比例，包括头部达人、腰部达人、尾部达人、素人四部分。投放比例可以制定为头部达人投放比例 5%，常见形式为亲测好评或经验分享；腰部达人投放比例 10%，常见形式为晒单分享，增加品牌曝光量；尾部达人投放比例 35%，常见形式为产品经验测评和好物分享，并结合热门话题进行故事撰写等；素人投放比例 50%，常见形式为铺量，做关键词铺设。

头部达人

腰部达人

尾部达人

素人

图 8-3　金字塔形达人投放比例

3. 内容方向偏好

达人是内容的生产者，观众是内容的消费者。合适的内容会让观众更快地沉浸其中，提高对内容的关注度，提升产品的宣传效果。常见的内容方向偏好包括以下几个方面。

①"种草"向：围绕产品核心卖点的一系列内容输出。例如，某款美妆类产品的核心卖点是美白，"种草"向笔记达人通常在笔记中提出自己的颜值困扰，设计一系列情节使用该产品解决自己的困扰，最终达到提升肤质的效果，并向其他顾客强烈推荐。

②场景向：针对用户常见使用场景、有特点的使用场景，或者是社交场景设计的笔记内容。场景向达人在设计笔记内容时，常常分为确立场景、放大痛点、解决痛点、好物"种草"四个步骤。例如，一款防晒霜的推广笔记，达人在编写时以军训为场景，编写自己在军训过程中遇到的皮肤会长时间暴晒等困扰，在好友推荐下使用该款防晒霜，最终皮肤未受到损伤，在笔记最后向粉丝推荐该防晒霜。

③营销向：针对情人节、儿童节等营销节点需求设计的笔记内容。相关达人会在节假日发布以"情人节，送给最爱的 ta""'6·18'大促购物推荐指南"等为题的商品推荐清单。

④情绪向：围绕品牌故事、品牌社会理念设计的笔记内容。相关达人通常会介绍某品牌的历史、地位、背景等。

在选择达人时，需要根据品牌的内容方向偏好选择相应推广能力较强的达人。

8.1.4 品牌推广的注意事项

在进行品牌推广时需要注意以下重点，以确保品牌内容传播的高效和准确。

1. 制定综合性的传播方略

小红书的活跃用户分布在各个板块和行业，想要在最大范围内"捕捉"他们，就必须打一套"组合拳"。在选择流量渠道、达人类型和付费流量时，需要进行组合布局。既要打造品牌的官方账号，也要与达人进行合作，同时也需要与官方广告做结合。

2. 明确投放方向

品牌推广要明确投放方向，最直接的做法就是划定品牌的目标消费人群。例如，进行母婴类品牌的宣发，就需要详细分析新手妈妈的痛点，进一步划定妈妈群体的消费层次、分布城市和阅读习惯。明确上述条件后，才能对达人的类型以及输出内容的类型做出明确的选择。

3. 品牌的宣发需要配合活动节点

品牌的内容传播虽然需要长期进行，但如果想要迅速引起关注，就要与活动节点相配合。可以以季度为时间段进行划分，选择季度中的重要节庆作为活动的关键节点。在这些关键节点，布局更多流量投放，就可以迅速实现品牌的"引爆"。

品牌的宣发是一件日常性工作。在品牌的各个生命周期，品牌推广的策略会有所不同。商家需要密切关注市场，以便及时地调整策略。而对于小红书的内容传播，还需要跟踪用户的喜好，才能确保最高的匹配度。

【课外拓展】

头部达人特点

头部达人指关键意见领袖，通常被定义为拥有更多、更准确的产品信息，为相关群体所接受或信任，并对该群体的购买行为有较大影响力的人。

头部达人典型特征有：

（1）持久介入特征。

达人对某类产品较群体中的其他人有着更为长期和深入的介入，因此对产品更了解，有更广的信息来源、更多的知识和更丰富的经验。

（2）人际沟通特征。

达人较常人更合群和健谈，他们具有极强的社交能力和人际沟通技巧，且积极参加各类活动，善于交朋结友，是群体的舆论中心和信息发布中心，对他人有强大的感染力。

（3）性格特征。

达人观念开放，接受新事物快，关心时尚、流行趋势的变化，愿意优先使用新产品，是营销学上新产品的早期使用者。

8.2　薯条推广

薯条推广在小红书平台上通常指的是薯条广告，这是小红书提供的一种付费推广服务。

8.2.1　薯条推广含义和类型

1.薯条推广含义

薯条推广是一款小红书笔记推广工具，用户可选择推广目标，帮助笔记增加曝光量、互动量或粉丝量，让更多小红书用户更快地看到笔记。此工具不仅支持多个时长的选择，还支持推广人群定向，用户可选择智能推广人群或者自定义设置，如性别、年龄、地域和兴趣等特征。

2.薯条推广类型

1）版本类型

薯条推广是小红书为内容创作者及企业商家提供的自助式投放工具，手机端可直接操作，分为内容加热和营销推广两个版本。

①内容加热：支持提升优质内容的阅读、播放和赞赏互动效果，助力账号成长。

②营销推广：支持商品笔记、直播预告等营销属性内容，助力生意成长。

表 8-2 所示为内容加热和营销推广的对比。

表 8-2　内容加热和营销推广的对比

项目	内容加热	营销推广
服务对象	有推广优质内容诉求的创作者、专业号个人身份	有营销诉求的企业商家或个人、专业号个人身份或企业身份
账号要求	粉丝数量 ≥ 500 人； 近 28 天发布笔记数量 ≥ 2 篇； 账号符合社区规范	具备齐全的广告法要求的资质，无粉丝门槛、笔记数量等要求
内容要求	内容不含营销属性，符合社区规范；需要为近 90 天内发布的笔记	符合广告法规定，支持投放营销内容，历史笔记均可投放
是否打广告标	不打标	赞助标
推广目标	笔记阅读量 / 视频播放量、点赞收藏量、粉丝关注量	笔记阅读量 / 视频播放量、点赞收藏量、粉丝关注量
营销组件	无	支持私信组件和商品卡片

2）推广选择类型

商家可根据图文阅读量／视频播放量、粉丝关注量、直播间观众量三个方面推广。

①图文阅读量／视频播放量：薯条推广会将笔记推广给喜好该笔记的潜在用户。

②粉丝关注量：薯条推广会将笔记推广给关注该内容创作者的潜在用户。

③直播间观众量：薯条推广会将笔记推广给喜好观看直播且关注该内容创作者的潜在用户。

3. 薯条推广的特点

对薯条推广的笔记不设固定点位，打开小红书APP首页，在发现信息流中直接随机展示。

8.2.2 薯条推广适配账号

1. 内容加热适配账号

内容加热主要适配于小红书平台的内容创作者。相关账号一般具有以下特点：

①内容创作能力强，具有较强的文案编写能力和视频制作能力；

②有账号成长诉求，需要完成粉丝量快速上涨；

③具有付费加热内容的需求，具有一定的投资能力；

④注重私域用户价值，具有吸引更多自己内容领域粉丝的需求；

⑤缺乏专业的广告投放能力，对投放相关知识了解较少。

内容加热适配账号的特点如图8-4所示。

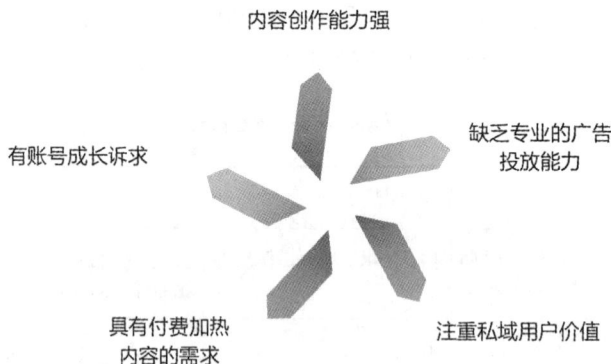

图8-4 内容加热适配账号的特点

2. 营销推广适配账号

营销推广主要服务小红书平台的中小商家，助力生意经营。相关账号一般具有以下特点：

①笔记营销属性强，希望通过商品笔记／直播预告／品牌宣传等完成商品推广；

②希望在小红书进行电商带货，线索留资等；

③有付费购买流量的推广诉求，具有一定的投资能力；

④广告投放经验不足，对投放相关知识了解较少；

⑤单次推广预算低，不希望在推广上投入大量资金。

营销推广适配账号的特点如图 8-5 所示。

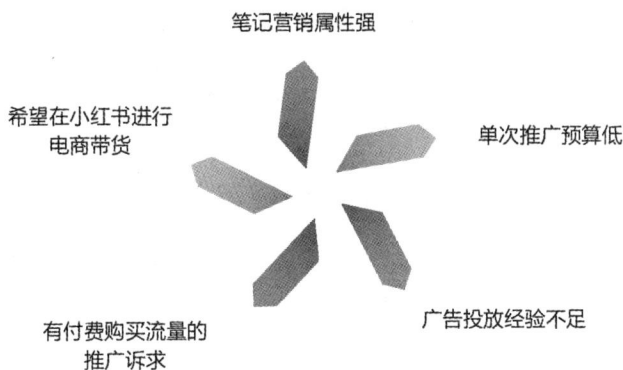

图 8-5　营销推广适配账号的特点

8.2.3　全链路流量运营

对于小红书账号，可分阶段、分策略、精细化运营，精准借势实现流量效果最大化。具体分为四个阶段：账号运营初期、笔记发布测试期、笔记积累热度期、优质笔记加推期。

1. 账号运营初期

在账号运营初期需要为账号打造热点笔记，吸引大量流量，打好粉丝基础。

1）做好定位

定位会决定账号粉丝群体和后续的表现。小红书账号运营的首要任务是做好账号定位，确定要发布哪个领域的内容。小红书平台会给创作者贴标签，根据用户标签将内容推送给相应的人群。如果账号定位不清晰，将影响平台对账号贴标签，不利于内容的传播。

2）搭建账号

定位完成以后，需要搭建小红书账号。一个吸睛的账号主页，可以很好地提升粉丝的转化率。

①账号头像：如果代表本人，建议使用本人的照片作为头像，最好是由专业摄影师拍摄的；如果代表非真实实体，可以设计一个独特的标志或图标，以提高辨识度。最好避免使用风景或动物类头像，此类头像不便于用户记忆。

②账号昵称：使用真实姓名是最直接的方法，它能够提高个人辨识度；也可以在昵称中添加领域，采用"名字 + 领域"的格式，这样用户能够通过昵称了解此账号从事的领域。图 8-6 所示为某穿搭达人的账号界面。该达人选择"穿搭 + 名字"的格式设置账号昵称，使用户对该账号从事的领域一目了然，且便于记忆。

③账号简介：在简介中清晰地说明此账号的类型，并进行简要自我介绍。请注意，

在没有获得足够多的粉丝之前，不要在简介中添加任何联系方式或引导方式。

图 8-6　某账号昵称

3）创建内容

可以根据自己的领域，搜索关键词，找到相应的对标账号，关注高赞的笔记和同行，分析热门笔记的选题、内容方向、文案编辑手法，以及视频的拍摄手法、视频剪辑方式、视频时长、视频前 3 秒的亮点等，找出它们的共性和特点，研究它们爆火的原因，并按照分析结果完成自己的推广创作并发布。

2. 笔记发布测试期

在笔记发布测试期需要花费时间测试出优质素材类型和产品受众，预计时间为 5～10 天。具体方法为控制变量法，即选择唯一变量，控制其他变量不变，观测结果指标的变化。在相同的人群定向下，创作并发布不同素材，测出受欢迎的产品要点和笔记类型；在相同素材下，选择不同人群定向，测出素材的精准人群定向。例如，需要测试笔记发布的最佳时间，则需要在不同时间发布同一篇笔记，记录不同时段发布的点赞量、浏览量、评论量等。

3. 笔记积累热度期

在笔记积累热度期需要将笔记按照测试好的参数编辑并发布，为笔记增加热度，达到深入精准引流、塑造品牌形象的目的。

1）参加官方热点活动

商家需要时刻注意创作中心首页的官方活动，不同活动都有各自的内容侧重点和时间限制，如果官方活动适合自家产品的推广，可以通过参加活动为笔记增加热度。

2）参与产品分类相关热点话题

创作者首页也有按照话题类目分类的热点活动，商家可以按照产品特点和用户定位选择合适的话题并参与，增加笔记热度。

3）参与微博、抖音热点话题

微博、抖音热点话题能够在小红书引起较高关注度，如果微博、抖音有合适的话题，可以将其作为笔记标题或添加相关标签进行引流。

4. 优质笔记加推期

在优质笔记加推期需要通过优质笔记的进一步推广快速渗透核心人群，持续完成变现。

8.3 信息流广告

信息流广告是一种与用户内容紧密融合的广告形式，它在用户的浏览过程中自然出现，不打断用户的阅读体验。

8.3.1 信息流广告含义

1. 信息流广告简介

信息流广告是根据用户的浏览兴趣，后台推荐相关内容的广告形式，属于无意识广告，分为私信和表单两种转化方式。它出现在小红书"发现"页面的第 6 位、第 16 位等后续加 10 位的位置，还会出现"赞助"和"广告"标识，两者的区别是，带有"赞助"标识的广告能够链接到小红书平台内的页面，带有"广告"标识的广告能够链接到小红书平台外的网站。信息流广告更适合品牌前期"种草"曝光、让更多用户了解品牌，积累品牌势能。

2. 信息流广告投放模式

智能投放是信息流广告的主流投放模式，相较于手动投放，在成本等方面也有较大优势。小红书广告的智能投放模式主要包括 OCPC 和 nobid。需注意：在使用智能投放功能时，广告主只能创建一个广告计划，并且该计划下只能包含一个广告单元。

一般情况下，智能投放是指将部分或全部的广告投放交由系统模型来进行的广告投放方式。系统模型根据相关设置或约束条件，进行自动调优，让广告投放的流量效果最佳。

智能投放的优势有以下几方面。

①效果上：自动化、智能化，对比纯手工操作，能有效提升运营效果。

②效率上：无须人工干预，能降低运营成本，提高投放效率。

说明：不同平台的智能投放所指具体内容或功能有所差异，但大部分的最终目标是希望通过系统模型来优化广告投放，实现效率和效果的提升。

1）OCPC 投放

（1）OCPC 定义。

OCPC（optimized cost per click），也有人称为目标成本出价。OCPC 本质还是按照点击付费，即广告主仅在用户点击其广告时支付费用。OCPC 采用更科学的转化率预估机制，帮助广告主在获取更多优质流量的同时提高转化完成率。系统会在广告主出价的基础上，基于多维度、实时反馈及历史积累的海量数据，并根据预估的转化率以及竞争环境下智能化的动态调整出价，进一步优化小红书广告排位，帮助广告主竞得最合适的流量并降低转化成本。

（2）适用场景。

OCPC 适合对成本敏感，希望在成本可控范围内能够尽可能多获得流量的场景，常见的适用场景有：

①线索类和私信营销类客户希望在成本可控范围内拿到更多转化，并会根据转化效果增加预算；

②"种草"类客户希望在成本可控下能够得到更多的互动数据，打造"爆文"；

③手动投放盯盘压力大，希望不用频繁地修改，以实现控制成本。

2）nobid 投放

（1）nobid 定义。

nobid 是目前市面上比较通俗的叫法，也有人称为 BCB 或智能托管，是一款只需要设置预算，不需要设置出价，由系统模型在全部预算内尽可能实现效果最大化的智能投放产品。

（2）适用场景。

nobid 适用于对预算有较明确限制的场景，常见的场景有：

①预算明确，但对目标成本缺少概念，希望借助系统模型在预算范围内达成效果最大化；

②第一诉求是引流，接受目标成本高于日常投放成本；

③优化能力或精力有限，希望投放设置尽量简单高效；

④刚开始接触小红书信息流投放，希望能快速起效并且效果有一定保障。

3. 小红书信息流投放的优势

1）高度匹配的用户群体

小红书的用户主要是年轻女性，对时尚、美妆、生活方式等内容有很高的兴趣。因此，在小红书上进行信息流投放，可以精准地触达目标用户群体，提高广告的展示效果和效率。

2）用户参与度高

小红书的用户对于购物心得和产品评价非常关注，乐于分享和参与讨论。因此，投放在小红书上的信息流广告更容易引起用户的兴趣和参与，提高产品关注度，增强用户的购买欲望。

3）多样化的广告形式

小红书提供了图文和视频形式的信息流广告，可以根据需求和目标用户的特点选择合适的广告形式，提高广告的创意性和互动性。

4. 小红书信息流投放的策略

1）选择合适的广告形式

根据产品定位和目标用户的特点，选择合适的广告形式进行投放。例如，对于时尚类产品，可以选择帖子形式进行投放，通过搭配等方式展示产品的特点和优势；对于美妆类产品，可以选择橱窗广告形式，通过图片和文字的组合展示产品的效果和使用心得。

2）提供有价值的内容

在进行信息流投放时，需要提供有价值的内容，吸引用户的关注和参与。可以通过分享产品的使用心得、推荐相关的生活方式和购物技巧等形式，提高用户对广告的认可度，增强用户的购买意愿。

3）与用户进行互动

小红书的用户喜欢参与讨论，可以利用这一特点与用户进行互动。可以在广告中设置问题或邀请用户分享自己的购物心得，增强用户的参与感，提升广告的效果和销售转化率。

5. 小红书信息流投放的注意事项

1）遵守平台规则

在进行信息流投放时，需要严格遵守小红书平台的规则和要求，不得发布虚假、夸大或违法违规的广告内容。否则，可能会被平台删除广告，甚至被封禁账号。

2）保持广告的原创性和创意性

在小红书这样的社交平台上，用户对广告的接受度与广告的原创性和创意性有很大关系。在广告中展示独特的形象和产品特点，通过创意的方式吸引用户的关注和参与。

8.3.2　信息流广告投放形式

小红书的信息流广告的投放和笔记一样，也有图文和视频两种形式，展现方式和笔记大体相似，但广告会在笔记封面的右下角有"广告"或者"赞助"等字样，以示区别。

1. 图文

1）特点

①以内容为核心，具有较好的融合度，以达到最佳的用户转化效果；

②将原生广告融入笔记，形成广告即内容的效果。

2）优势

①广告即笔记、笔记即广告，用户体验好，反感度低；

②广告形式丰富，适合各行各业广告主；

③图文并茂形式能加深用户阅读印象，提高广告主所展示产品对用户的吸引力。

3）计费方式

图文广告的计费方式主要以 CPC（平均点击成本 = 总消费金额 / 点击量）为主。

图 8-7 所示为某洗面奶的小红书教程类推广笔记截图。笔记通过介绍洗脸的正确流程及注意事项，自然地引出需要推广的洗面奶。这篇笔记首图标题清晰明确，直达用户痛点，吸引用户点击。同时该内容创作者以往的笔记风格与产品特征也比较相符，在笔记中加上购买链接，用户读完笔记就可购买，能起到更好的转化效果。

2. 视频

1）特点

小红书视频笔记广告是展现在小红书 APP 推荐流中的，广告主可定制 5 ～ 60 秒的短视频。

2）优势

（1）沉浸式观看体验。

小红书视频笔记广告能为用户带来更沉浸式的观看体验，视频内容可占据手机整个屏幕，信息更丰富、视角更聚焦、重点更突出，用户分散注意力的可能性也更低，还能拉近与用户之间的距离，让用户更自然流畅地与视频内容互动，激发用户的参与感。

（2）互动传播强。

多人主动参与，并可经过多个兴趣社群的互动参与，发酵形成更大的社会话题，对用户影响更深，品牌深度传播更好。

图 8-8 所示为某卸妆膏的小红书教程类推广视频截图。该视频时长为 60 秒，展示了使用该款卸妆膏的过程及效果，使用户平均观看视频时间延长，并且获得了较好的评论区互动。

图 8-7　某洗面奶的小红书
教程类推广图文

图 8-8　某卸妆膏的小红书教程
类推广视频

3）计费方式

视频广告的计费方式主要以 CPC（平均点击成本 = 总消费金额 / 点击量）为主。

📖 【课外拓展】～～～～～～～～～～～～～～～～～～～～～～～～～～～～～

薯条推广和信息流推广有什么区别？

（1）操作不同。

薯条推广是小红书为中小商家等提供的手机 APP 端便捷操作的流量工具，门槛低，即充即投。

信息流推广是在 PC 端小红书聚光平台操作，对于有复杂投放诉求或者需要代理帮忙投放的商家则更为适合。

（2）产品形态不同。

起投门槛不同：薯条推广 75 元起投，聚光平台信息流的充值门槛较高。

优化目标不同：薯条推广提供阅读、点赞和收藏、加粉优化目标，更贴近"爆文"打造和账号成长；信息流推广提供更加多元化的深度优化能力，如私信、商品下单等。

计费方式不同：薯条推广按照曝光计费，信息流推广则按点击计费。

注意：薯条推广与信息流推广可以同时出现，互相合作。前期笔记点赞和收藏积累、账号粉丝增长等场景使用薯条推广，后续放大效果，追求深度的转化，可以进行信息流投放，完全体现"1＋1＞2"的优势。

☞ 【实训演练】

实训背景

小王是一位电商新人，经过市场调研与分析，他决定在小红书平台上开店，经营自产的服装。他的服装以夏季潮流女装为主。他已经完成了店铺入驻、选品、商品发布、店铺装修等工作，现在他想要推广自己的商品及店铺。小王需要根据自己的财务状况分配适当的广告预算，作为新人，他开始尝试投入 2000 元月度预算以测试广告效果。此时还有一个月就要迎来"6·18"购物节，小王决定在 6 月 18 日前开展服装推广。为了吸引更多顾客，小王考虑提供限时折扣或促销活动，如买一送一、满减优惠等。小王将以下推广方式定为备选项目：小红书广告，使用小红书的广告平台，根据目标受众的性别、年龄、兴趣等精确定位，以提高服装广告的点击率和转化率；时尚博主合作，与小红书上的时尚博主或搭配师合作，让他们在其图文或视频笔记中展示小王的服装，并提供独特的优惠码；输出原创内容，小王可以继续输出有吸引力的原创内容，如穿搭教程、时尚趋势分析等，以吸引关注者并提高店铺的知名度。

实训要求

①根据背景内容为小王选择合适的推广、引流方式。

②完成相关推广、引流流程。

✎ 【复习思考】

一、单选题

1.（　　）属于薯条推广的特点。

A. 有广告标，薯条推广加推的笔记都有广告标

B. 不支持推广人群定向

C. 不设固定点位，打开小红书 APP 首页，在发现信息流中直接随机展示

D. 按照点击付费

2.（　　）是错误的。

A. 薯条推广 75 元起投，聚光平台信息流的充值门槛较高

B. 薯条推广提供阅读、点赞和收藏、加粉优化目标，更贴近"爆文"打造和账号成长，信息流推广提供更加多元化的深度优化能力，如私信、商品下单等

C. 薯条推广按照点击计费，信息流推广则按曝光付费

D. 薯条推广与信息流推广可以同时出现，互相合作

3.（　　）不是小红书信息流投放的策略。

A. 选择合适的广告形式　　　　　　　B. 提供有价值的内容

C. 与用户进行互动　　　　　　　　　D. 不断增加投入

二、多选题

1.（　　）是小红书品牌达人推广投放的步骤。

A. 需求发起　　　　　　　　　　　　B. 招募筛选

C. 定人定档　　　　　　　　　　　　D. 体验创作

E. 拍摄视频

2.（　　）属于图文投放形式的优点。

A. 广告即笔记、笔记即广告，用户体验好，反感度低

B. 广告形式丰富，适合各行各业广告主

C. 沉浸式观看体验

D. 加深用户阅读印象，提高广告主所展示产品对用户的吸引力

E. 费用低

3.（　　）属于信息流投放的优势。

A. 高度匹配的用户群体　　　　　　　B. 提供有价值的内容

C. 用户参与度高　　　　　　　　　　D. 多样化的广告形式

E. 投放方式简单

三、判断题

1. 一般情况下，品牌方具有品牌宣传或产品推广的需求之后，首先要确定推广的渠道，例如，商家选择小红书渠道。选定渠道后，再决定推广的投放预算和目的。（　　）

2. 小红书视频笔记广告是展现在小红书 APP 推荐流中的，广告主可定制 5～60 秒的短视频。（　　）

3. 聚光平台信息流的充值门槛是 75 元，薯条推广 2000 元起投。（　　）

四、简答题

1. 简述小红书精细化运营的四个阶段。

2. 简述小红书信息流广告投放模式。

项目 9

网店物流与客服管理

【知识目标】

1. 了解网店仓储管理的含义与工作内容。

2. 了解网店的仓储模式。

3. 熟悉物流公司选择方法。

4. 了解网店发货流程与注意事项。

5. 列举网店客服需要具备的岗位技能。

6. 了解与客户沟通的技巧。

【技能目标】

1. 能完成网店仓储管理的基本工作。

2. 能选择合适的物流公司。

3. 能完成网店发货。

4. 能够与客户进行有效沟通。

【思政目标】

1. 树立端正、积极的工作态度。

2. 树立客户服务意识。

【案例讨论】

小张新开了一家抖音店铺，他完成了选品与商品发布以及店铺装修，并完成了商品引流推广，但由于缺乏店铺物流管理的相关知识，他的店铺常常出现缺货、货物配送异常等问题。在面对客户的质疑时，没有使用有效的沟通技巧，导致店铺信誉及评分下降，对此小张很苦恼。

思考

网店仓储管理的工作有哪些？有哪些仓储模式？如何为网店选择合适的物流公司？怎样与客户进行有效沟通？

9.1 网店物流管理

9.1.1 仓储管理

网店仓储管理有助于提高网店运营效率、降低成本、提供更好的客户服务，并支持可持续增长。因此，网店经营者应重视仓储管理，做好仓储管理相关工作。

1. 认识仓储管理

1）仓储管理的含义

在网店运营中，仓储管理是至关重要的环节。通过合理的物资入库、物资保管、物资出库，网店可以提供更好的服务质量，提升客户满意度，从而促进业务增长。这样能为网店商品的销售提供强大的后勤保障，不至于等到商品缺货了才发现已经没有商品可出售。因此，网店的仓储管理至关重要，如何充分利用仓储资源提高服务质量、提升客户满意度，是网店运营和管理的难题。

2）仓储管理的工作内容

对于一般网店来说，仓储管理分为以下几个部分。

（1）入库检验。

在商品入库之前，必须由店主或者专门负责收货工作的人员，对全部货物进行严格的检查，具体包括检验商品的外包装是否完好，按照订货单和送货单核对商品的品名、等级、规格数量、单价、总价、有效期等内容，仔细检查包装内的商品是否有破损、污渍等。

（2）编号保管。

为了方便查找和控制数量，应该为每一款入库的商品确定一个商品编号，也就是货号，具体包括为商品分类、确定汉语拼音缩写、确定数字编号、确定品牌商品编号四个步骤。

（3）登记入库。

完成入库检验并准确制定编号之后，还要对商品的名称、数量、规格、入库时间、凭证号码、送货单位、验收情况等进行详细登记，才能将商品收入库存。这一过程叫作登记入库。

（4）妥善保管。

商品入库后，不能杂乱无章地摆放在库房中，而是要根据商品的不同种类、属性、材质、功能等进行分类，分别放入专门的区域（仓库通常分存储区、拣货区、打包区、发货区、报损仓），为日后从库房中查找和盘点商品提供方便。同时，还要做好防潮、防水和防火的措施，如食品类商品还要准备专门的冰箱，防止食品变质。

对于商品入库后的库房管理，最重要的是做好 6S 管理，具体如下。

①整理（seiri）：将工作现场的物品区分为有用和无用，清除不必要的物品，腾出空间。

②整顿（seiton）：将必要的物品按规定位置摆放整齐，标识清晰。

③清扫（seiso）：灰尘等及时清扫，保持环境卫生。

④清洁（seiketsu）：保持整洁的工作环境。

⑤素养（shitsuke）：培养良好的工作习惯，遵守规则，形成持久性的管理。

⑥自检（self-criticism）：不断自我检讨、改进和提高。

（5）凭单发货。

商品出库时也要做好详细的登记，遵守商品出库制度，凭订单发货，防止出现差错。具体步骤包括订单消息处置、分拣、包装、物流单处置、出货。

①订单消息处置：出售订单转化为出库单，出库单包括货物明细等内容，同时打印物流单。

②分拣：依据出库单进行商品分拣，并在商品上贴产品条形码。这一步骤需要制定灵活且可配置的拣货、复核策略。

③包装：包装时要注意将物流单贴在包装上。

④物流单处置：不论是手写还是打印的物流单，均有一定的出错概率，所以相关岗位的员工必须仔细检查。

⑤出货：联络物流公司出货。挑选物流公司的准绳为首先看效率，其次看价钱，应该将效率高价钱又低的物流公司作为首选。

2. 仓储模式

根据企业的具体需求和资源，电子商务领域的仓储模式一般可分为自建、外包和混合三种。每种模式都有其特点和适用的企业类型。

1）自建仓储模式

自建仓储模式的特点如下。

①控制力强：企业能够直接管理仓储，从而确保服务质量和提升品牌形象。

②节约成本：长期来看，自建模式可以帮助企业节省物流成本。

③柔性服务：能够灵活地调整物流服务以满足特定需求。

自建仓储模式的劣势如下。

①投资大：需要大量资金投入和较长的建设周期。

②管理挑战性高：要求企业具备高效的物流管理能力和现代化团队。

自建仓储模式适合于具有强大资金支持和专业物流管理能力的企业。例如，某企业是一家大型电子产品制造商，拥有强大的资金实力和成熟的物流管理团队。为了更好地控制库存和提供优质的客户服务，该企业选择了自建仓储模式，在全国主要城市建立了多个物流中心，这些中心配备了先进的仓储管理系统，能够快速响应市场变化，及时配送商品。

2）外包仓储模式

外包仓储模式的特点如下。

①覆盖广泛：第三方物流公司通常能提供更广泛的服务区域。

②节约时间：企业可以将更多时间投入核心业务上。

③资源优化：有助于企业利用外部资源，提升核心竞争力。

外包仓储模式的劣势如下。

①依赖性强：过度依赖第三方物流可能带来风险和不确定性。

②控制力弱：企业对物流过程的控制力降低。

外包仓储模式适合于物流管理能力较弱或资金有限的企业。例如，某小型在线服装零售商，由于资金有限，无法承担建立自己的物流系统的高昂成本。因此，该零售商选择将仓储物流业务外包给一家专业的第三方物流公司。这使得该零售商能够专注于核心业务——服装设计和在线销售，同时也能利用第三方物流公司的资源，为客户提供全国范围内的快速配送服务。

3）混合仓储模式

混合仓储模式的特点如下。

①灵活性强：结合了自建和外包的优点，提供了更强的灵活性。

②扩展能力强：有助于企业扩大业务范围，同时保持核心业务的质量。

混合仓储模式的劣势如下。

①资金需求大：需要在自建物流系统上投入资金，同时承担一定风险。

②管理复杂性高：两种模式的管理可能导致标准化难以实现。

混合仓储模式适合于物流管理能力较强，但希望优化成本的企业。例如，某公司是一家食品生产和销售公司，其在一些关键地区拥有自建的仓储设施，以确保对这些区域的快速供货和提高服务质量。同时，为了扩大业务范围并降低成本，该公司还与几家第三方物流公司合作，将非核心区域的仓储物流业务外包出去。这种混合模式使得该公司能够在保持核心市场的同时，也能覆盖更广泛的区域。

9.1.2　物流管理

1. 认识物流公司

1）物流公司简介

物流公司是一种公司的类型，泛指经营物流相关的运输、仓储、配送等业务的公司。其常扮演着供货商与零售业者之间负责集货、理货、库存、配送等的角色。

2）物流公司分类

根据物流公司以某项服务功能为主要特征，并向物流服务其他功能延伸的不同状况，可以将物流公司划分为运输型物流公司、仓储型物流公司和综合服务型物流公司。具体如表9-1所示。

表9-1　物流公司分类

项目	运输型物流公司	仓储型物流公司	综合服务型物流公司
从事业务	以从事货物运输业务为主，包括货物快递服务或运输代理服务，具备一定规模	以从事仓储业务为主，为客户提供货物储存、保管、中转等仓储服务，具备一定规模	从事多种物流服务业务，可以为客户提供运输、货运代理、仓储、配送等多种物流服务，具备一定规模
可提供服务	可以提供门到门运输、门到站运输、站到门运输、站到站运输服务和其他物流服务	企业能为客户提供配送服务以及商品经销、流通加工等其他服务	根据客户的需求，为客户制定整合物流资源的运作方案，为客户提供契约性的综合物流服务

续表

项目	运输型物流公司	仓储型物流公司	综合服务型物流公司
企业要求	①企业自有一定数量的运输设备；②具备网络化信息服务功能，应用信息系统可对运输货场进行状态查询、监控	①企业自有一定规模的仓储设施、设备，自有或租用必要的货运车辆；②具备网络化信息服务功能，应用信息系统可对货物进行状态查询、监控	①按照业务要求，企业自有或租用必要的运输设备、仓储设施及设备；②企业具有一定运营范围的货物集散、分拨网络；③企业配置专门的机构和人员，建立完备的客户服务体系，能及时、有效地提供客户服务；④具备网络化信息服务功能，应用信息系统可对物流服务全过程进行状态查询和监控
举例	顺丰速运、京东物流、联邦快递	京东产发、苏宁物流	中国海运集团、顺丰物流、嘉里大通物流

📖 【课外拓展】

物流管理的作用

①控制成本。物流成本通常占企业总成本的一大部分，通过有效的物流管理，企业可以显著降低这些成本。例如，通过物流优化，原材料采购成本可以降低约10%，库存成本可以降低约20%，运输成本可以降低约10%。

②提高时间效率。物流环节在企业运作过程中占比很大，优化物流流程可以显著减少物流时间，从而提高整体的时间效率。

③加快资金周转。良好的物流管理可以加速资金周转，提高资金周转率。这对于企业的财务健康和灵活性至关重要。

④提高供应链效率。合理管理供应链，特别是通过物流优化，可以降低整个供应链的运作费用，提高供应链的效率。

⑤增强企业竞争力。物流管理是企业核心竞争力的关键。它可以帮助企业降低成本，提高效率，加速资金周转，减少库存积压，从而增强企业的市场竞争力。

⑥提供战略视角。物流提供了一个战略视角，帮助企业寻找新的增长点，增强竞争力，提高利润水平。

2. 选择物流公司

物流公司的选择包括评估自身运营情况、评估物流公司、完成商务流程等步骤，如图9-1所示。

1）评估自身运营情况

①确保对本企业的物流目标有清晰的了解，包括了解目标客户群体、竞争对手和行业平均物流服务水平。例如，XYZ电子有限公司是一家电子产品制造商，主要客户

群体包括零售商、批发商和在线零售平台；竞争对手包括其他电子产品制造商以及物流服务提供商。行业平均物流服务水平表明，准时交付率、库存管理和退货处理是关键指标。XYZ电子有限公司的物流目标是提高准时交付率，优化库存管理并降低退货率。

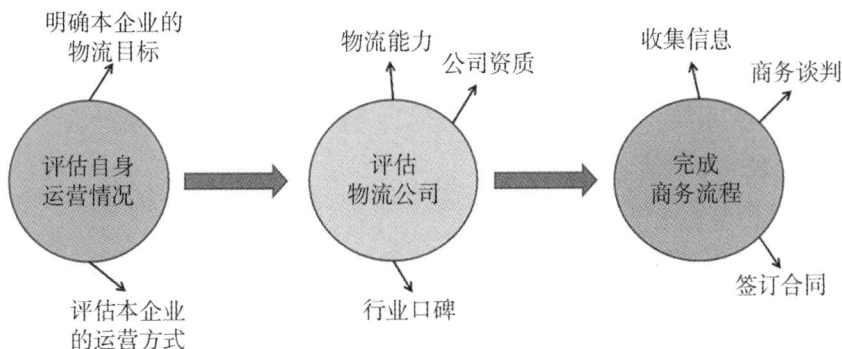

图 9-1　物流公司的选择过程

②明确预期的物流目标：将物流目标作为技术标准，用于评估外部物流承运商的物流能力。例如，XYZ电子有限公司具备自有仓库、内部配送车队和订单处理团队，该公司需要明确最佳的对接方式，如是否应该外包仓库管理或配送服务；成本组合方面，该公司需要权衡自有运营成本与外包成本。

同时，对本企业内部的运营方式进行评估，以确保最佳的对接方式和成本组合。

2）评估物流公司

物流公司之间的功能和服务存在差异。与过多的物流公司合作可能会分散企业的业务份额，降低在物流公司处的业务等级，不利于业务的开展。

①选择一批最符合企业业务特点、能够满足物流需求并能实现物流目标的物流公司作为备选。标准应该主要体现在物流能力上，以确保备选的物流公司都具备所需的能力。

②对备选物流公司进行筛选和分类，可以考虑全国性和区域性的物流公司，制定两到三套物流公司构成方案，并评估哪套方案更有利于物流运营。

例如，XYZ电子有限公司选择了以下两类物流公司作为备选。

全国性物流公司。例如，顺丰速运、圆通速递、中通快递等。这些公司覆盖全国范围，适合大规模配送。

区域性物流公司。例如，本地的小型物流公司。这些公司熟悉当地市场，更灵活，适合小规模配送。

XYZ电子有限公司制定了两套物流公司构成方案，以便在后续评估中选择最佳方案。

3）完成商务流程

①收集信息：对方案中圈定的物流公司进行信息收集，包括基本信息、财务状况、业界口碑、价格区间、合作意愿和主要业务信息等。例如，XYZ电子有限公司收集了

全国性和区域性物流公司的相关信息，包括实力、口碑、价格、合作意愿等，筛选出了一些备选物流公司，排除了实力较差或不合作的公司。

②商务谈判：在确认外包方案后，与物流公司进行商务谈判。明确双方的实力对比，为后续谈判中占据更多主动权做好准备。例如，XYZ电子有限公司与备选物流公司进行商务谈判，明确合作意向、服务水平和价格，XYZ电子有限公司在谈判中占据主动权，以确保达成有利的合作协议。

③签订合同：最终，根据商务谈判的结果，签订合同并开始物流外包。

3. 网店发货流程与注意事项

1）发货前的准备工作

在商品离开仓库前，商家需要完成一系列的准备工作，以确保发货流程的顺利进行。

①订单核对：仔细检查订单的各项信息，包括商品的名称、数量、价格、买家地址和联系方式等，确保所有信息无误。如有差错，应立即与买家沟通协调。

②包装材料准备：根据商品的特性和运输需求，选择合适的包装材料，如纸箱、气泡膜、填充物等，以及必要的包装工具，如胶带、剪刀、标签等。

③物流公司选择：根据商品的重量、体积、价值和目的地，选择性价比高且服务可靠的物流公司。了解物流公司的服务评价、费用和配送范围，选择最适合的物流服务。

2）发货流程

①运单打印：在电商平台后台操作，选择物流服务并填写必要的订单信息，然后打印出运单。确保运单上的收货信息准确无误，避免因错误信息导致的配送问题。

②商品包装：使用准备好的包装材料，按照商品的特点和保护需求进行包装。确保包装牢固，能够在运输过程中保护商品不受损害。

③运单贴附：将打印好的运单贴在包裹的外侧，位置要显眼，同时确保运单粘贴牢固，不易在运输过程中脱落。

④物流取件：可以选择物流公司上门取件服务，或者将包裹送至物流公司的营业网点。如果选择上门取件，需要与物流公司预约合适的取件时间。

⑤发货确认：在商品被物流公司取走后，及时在电商平台后台确认发货，并记录下运单号码，以便于后续的物流跟踪和查询。

3）发货过程中的注意事项

①商品保护：在包装商品时，要特别注意商品的保护措施，确保商品在运输过程中不会受到损坏。

②信息准确性：在整个发货流程中，确保所有的订单信息和运单信息的准确性，避免因信息错误而导致的商品配送延误或丢失。

③物流服务选择：根据商品的特性和顾客的需求，选择最合适的物流服务，确保商品能够安全、快速地送达顾客手中。

④物流跟踪：发货后，要及时跟踪物流状态，确保物流信息的更新与准确。如遇物流问题，应及时与物流公司沟通协调，确保问题能够得到及时解决。

📖 【课外拓展】

物流管理经典案例

海尔集团曾经一度面临物流成本高和效率低下的问题。为了解决这些问题，海尔集团决定进行一系列的物流管理改革。

海尔集团采用了先进的物流技术，包括自动化的立体仓库和智能物流系统，实现了物流、商流、资金流和信息流的高度整合。这些改革使得海尔集团的库存周转率提高了60%，库存积压减少了50%，物流成本降低了40%。

此外，海尔集团还通过整合原属于海尔集团下属的多家子公司的物流资源，实现了资源共享和优化配置。这一举措不仅提升了物流服务的质量和效率，还增强了海尔集团的市场竞争力，使得海尔集团的经济效益和社会效益得到了显著提升。

通过这一系列的物流管理改革，海尔集团成功转型为一个物流效率高、成本低、响应快速的现代企业，成为物流管理领域的典范。这个案例展示了通过物流管理创新和优化，企业可以实现成本节约和效率提升，从而在激烈的市场竞争中脱颖而出。

9.2　网店客服管理

网店客服管理是网店运营的核心环节，它直接影响顾客体验、品牌形象和销售业绩。

9.2.1　客服岗位能力分析

网店只有搭建了高效、专业、亲和力强的客户服务团队，才能为客户提供卓越的服务体验，从而促进网店的长期发展。

1. 客服岗位基本职责

①接待顾客：每天通过网络平台聊天工具与顾客进行线上沟通，或者通过打电话的形式与顾客进行直接沟通，帮助顾客解决遇到的问题。

②销售商品：根据掌握的商品信息，结合顾客的实际需求，运用恰当的销售技巧把商品推荐给顾客，最终促成订单。

③解决顾客问题：从专业的角度为顾客解决交易过程中遇到的各种问题，如商品问题、支付问题、物流问题等。

④后台操作：网店客服的后台操作一般包括交易管理、物流管理、商品管理操作等。

⑤收集顾客信息：收集顾客信息，了解并分析顾客需求，为网店的顾客维护和顾客营销提供可靠的顾客信息依据。

⑥收集与反馈问题：及时对顾客提出的有关商品及网店服务等方面的意见或建议

进行收集整理，并反馈给相关岗位。

⑦回访顾客：定期或不定期地进行顾客回访，以检查顾客关系的维护情况，建立顾客档案、质量跟踪记录等售后服务信息管理系统，以发展和维护良好的顾客关系。

2. 客服岗位能力要求

客服岗位人员应满足以下知识和技能要求。

1）专业知识学习能力

网店客服人员需要掌握电商平台的基本操作流程，了解商品的基本信息和售后服务政策，以便能够为消费者提供准确的信息和解决问题的方案。此外，他们还需要了解相关法律法规和消费者权益保护政策，以保障消费者的合法权益。

2）良好的沟通能力

网店客服人员需要具备良好的沟通能力，能够清晰地表达自己的意思，理解消费者的需求，并及时回复消费者的问题。在沟通过程中，他们需要保持礼貌、耐心和友好，以建立良好的客户关系。

3）快速反应能力

网店客服人员需要具备快速反应能力，能够迅速处理消费者的问题和投诉。在处理问题时，他们需要快速定位问题的原因，并提供有效的解决方案，以尽快解决消费者的问题。

4）团队合作能力

网店客服人员需要具备团队合作能力，能够与其他部门的同事协作共同解决问题。在工作中，他们需要积极沟通、互相支持，以提高工作效率和服务质量。

5）熟练操作电脑

网店客服人员的打字速度直接影响到接单人数和接单效率，同时对办公软件能否熟练使用也会影响到网店客服人员处理工作的效率。因此，网店客服人员熟练操作电脑是客服岗位能力中的基本要求。

9.2.2 客户沟通技巧

客户沟通技巧对于建立良好的客户关系、提升服务质量以及提升网店竞争力具有重要意义。它是客服团队成功的关键要素之一，也是维护网店声誉和发展的重要保障。

1. 积极主动的服务态度

无论面对何种问题，客服人员应始终保持积极主动的态度。当商品出现问题时，无论是顾客还是物流公司的原因，客服人员都应及时介入，积极解决问题，而不是回避责任。积极的态度能够让顾客感受到被尊重和重视。例如，一位顾客购买了一台电视，但在收到货物时发现屏幕破损。客服人员立即响应，快速安排了退货，并提供了额外的折扣作为未来购买的优惠，从而及时解决了问题。

2. 耐心和热情地回应

面对顾客的各种疑问，客服人员应该耐心地解答，展现出热情和专业，即使顾客最终决定不购买，也应友好地表示欢迎他们再次访问。例如，一位顾客对于如何安装软件感到困惑，客服耐心地通过电话指导了整个安装过程，即使这个过程花费了较长的时间，但最终确保了顾客的满意。

3. 礼貌和亲切地接待

客服人员在接待顾客时应始终保持礼貌和亲切，使用温和的语气和表达方式，如"欢迎光临，有什么可以帮助您的？"这样的问候能够拉近与顾客的距离。例如，在一次促销活动中，客服人员向进店的顾客问好并主动介绍优惠信息，使得顾客感到温馨并最终决定进行购买。

4. 使用规范和贴心的语言

在与顾客沟通时，应多使用"您"和"咱们"，以及规范的礼貌用语，如"请问""谢谢您的支持"，这些都有助于建立积极的沟通氛围。例如，客服人员在处理一位顾客的退款请求时，始终使用礼貌的语言，并详细解释了退款流程，使得顾客即使在退款的情况下也对网店的服务持正面评价。

5. 避免使用直接拒绝的负面语言

避免直接说"我不能"，而是探讨"我们能为您做些什么"，这样可以避免给顾客带来不必要的失望感。例如，当一位顾客请求加急配送一件不在加急服务范围内的商品时，客服没有直接拒绝，而是提出了其他可行的快速配送选项。

6. 强调可提供的服务

不要说"我不会做"，而是强调"我们可以为您提供的服务是……"，这样可以展现出积极的服务态度。例如，面对一位需要特殊尺寸服装的顾客，客服人员详细介绍了定制服务流程，而不是简单地告知没有现成的尺寸。

7. 委婉表达请求无法满足

对于顾客的某些要求，如果超出了服务范围，可以委婉地说明，如"很抱歉，这个请求超出了我们的服务范围，不过您可以尝试联系平台客服人员以获得更多帮助。"例如，当顾客询问不在网店销售范围内的商品时，客服提供了合作伙伴的联系方式，并表示愿意协助联系。

8. 积极地解决问题

避免直接告知"我做不了"，而是告诉顾客"我会尽力帮助您解决问题"，这样可以营造出一种积极和乐于助人的氛围。例如， 位顾客在节假日期间提出了紧急的服务请求，客服表示虽然正常服务时间已过，但他们会尽力在第二天处理，并确实如此做了，赢得了顾客的赞赏。

9.2.3　客户关系管理

1. 客户关系管理概念

客户关系管理（CRM）是企业通过信息技术和网络技术，优化销售、营销和服务流程，以提升管理效率和客户服务质量的一种管理模式。其核心目标是吸引新顾客、维护现有顾客，并将他们转化为忠实的支持者，从而扩大市场份额。

2. 客户关系管理分类

客户关系管理分类如图 9-2 所示。

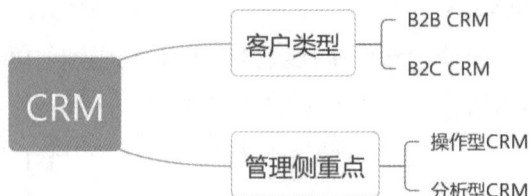

图 9-2　客户关系管理分类

1）根据客户类型分类

根据客户类型的不同，客户关系管理可以分为 B2B（business to business，即商业对商业，或者说是企业间的电子商务）客户关系管理及 B2C（business to consumer，企业对消费者的电子商务模式）客户关系管理。

① B2B 客户关系管理的目标是建立和维护与这些企业客户之间的良好关系。例如，供应商与制造商之间的合作关系，或者企业之间的合作伙伴关系。

② B2C 客户关系管理用于管理个人客户。这些客户是最终消费者，购买产品或服务以满足个人需求。B2C 客户关系管理的重点是提供个性化的客户体验，以吸引和保留消费者。例如，零售商与消费者之间的关系，或在线商店与购物者之间的关系。

2）根据客户关系管理侧重点分类

根据客户关系管理侧重点的不同，客户关系管理又分为操作型和分析型客户关系管理。

①操作型客户关系管理：这类客户关系管理系统专注于日常运营流程。它们支持销售、客户服务、营销和其他业务活动的执行。操作型客户关系管理的功能包括客户信息管理、销售机会跟踪、客户服务请求处理等。这类系统帮助企业管理客户数据并促进业务流程的顺畅运行。

②分析型客户关系管理：这类客户关系管理系统更关注数据分析和洞察，帮助企业理解客户行为、购买趋势和需求。分析型客户关系管理系统可以帮助企业预测市场趋势、优化营销策略、改进产品设计等。通过深入挖掘数据，企业可以更好地了解客户，并做出战略性决策。

3. 客户关系管理功能

客户关系管理的功能可以归纳为三个方面：市场营销中的客户关系管理、销售过程中的客户关系管理、客户服务过程中的客户关系管理，如图 9-3 所示。

1）市场营销中的客户关系管理

客户关系管理系统能够协助市场营销团队深入分析目标客户群体的特征，例如，他们所在的行业、职业、年龄段以及地理位置。这些洞察帮助营销人员进行更精准的市场定位和广告投放。此外，客户关系管理系统通过追踪市场活动相关的收入和支出记录，提供了一种衡量市场活动效果的方法，使营销团队能够生成详尽的效果报告。

市场营销中的客户关系管理　　　　　　　　客户服务过程中的客户关系管理

销售过程中的客户关系管理

图 9-3　客户关系管理的功能

2）销售过程中的客户关系管理

在销售过程中，客户关系管理系统是核心工具，包含了潜在客户管理、客户资料、联系人信息、商机追踪、订单处理、收款管理以及销售报表等多个模块。销售人员可以通过记录交流详情、设置日程、接收预约提醒和快速访问客户资料来提高工作效率。同时，客户关系管理系统提供的销售漏斗分析、业绩指标统计和业务阶段管理等功能，帮助销售管理层提升转化率和缩短销售周期，从而促进业务增长。

3）客户服务过程中的客户关系管理

客户关系管理系统在客户服务中的应用主要是为了快速获取客户问题信息和历史记录，以便提供针对性和高效的解决方案，提升客户满意度和企业形象，其主要功能包括客户反馈跟踪、提供解决方案库和满意度调查。客户关系管理系统中的自动提醒功能确保管理层能及时处理未解决的客户请求，而解决方案库能够及时提供满意答案，满意度调查功能让高层管理者能够实时掌握公司客户服务的实际水平。

🏳 【实训演练】

实训背景

小王是一位电商新人，他决定在抖音平台上开设一家在线服装店，专注于销售自产的夏季女款时尚服装。经过市场调研与分析，他已经成功完成了店铺入驻、选品、商品发布、店铺装修以及商品推广等工作，但他仍然面临一些挑战和需要解决的问题。

一方面，小王目前无法有效管理店铺的仓储和库存。他需要建立一个系统来跟踪库存水平，确保商品充足，同时避免过度采购或库存积压的问题。这需要使用仓储管理系统或工具，以帮助他更好地管理库存。另一方面，小王不清楚如何选择合适的物流公司。他需要研究不同物流供应商的服务质量、速度和成本，以确保顺利地履行订单和及时地送货。这可能涉及与多家物流公司洽谈合作，以选择最适合他业务需求的合作伙伴。

小王的物流目标主要包括：提供快速的订单处理和配送服务，以满足客户的期望；有效管理库存，减少库存积压和损失；控制运营成本，确保物流费用合理并可承受；建立可持续的物流体系，以应对未来业务增长。小王的运营方式包括：小规模自产服装销售，每周发布新品，需快速发布；预计订单量增加，但起始阶段需灵活适应波动；位于城市，需要覆盖国内的配送。此外，小王也需要建立与顾客的有效沟通，他可以考虑使用在线客服工具或平台内的消息功能，及时回应顾客的问题和疑虑，提供专业的建议和帮助，以提高客户满意度和信任度。

实训要求

①根据背景内容为小王选择合适的物流公司。

②教授小王客服相关技巧。

【复习思考】

一、单选题

1.（　　）不属于网店客服的岗位职责。

A. 专业知识   B. 良好的沟通能力

C. 快速反应能力   D. 网店运营能力

2.（　　）是错误的。

A. 在包装商品时，需要注意确保商品的完整性和安全性

B. 在发货前，卖家需要确认订单信息是否正确

C. 卖家需要根据商品的重量、体积、价值等因素选择合适的物流公司

D. 卖家不需要及时跟踪物流信息

3. 通过物流管理进行供应链优化，可以达到（　　）目标。

A. 原材料采购成本将减少 10%~30%

B. 整个供应链的库存将下降 15%~30%

C. 运输成本将下降 20%~30%

D. 整个供应链的运作费用将下降 30%~40%

二、多选题

1.（　　）是客户沟通技巧。

A. 良好的客服态度   B. 要有足够的耐心与热情

C. 要有礼貌   D. 规范使用语言文字

E. 满足客户的不合理要求

2.（　　）属于仓储 6S 管理。

A. 整理   B. 整顿   C. 清洁

D. 素养   E. 数量

3.（　　）属于网店仓储管理的一般工作内容。

A. 入库检验   B. 编号保管   C. 登记入库

D. 妥善保管   E. 销售推广

三、判断题

1. 在销售过程中，客户关系管理系统是核心工具，主要包括潜在客户管理、客户资料、联系人信息、业务机会追踪、订单处理、回款单处理、报表统计等模块。（　　）

2. 推荐商品是指客服人员根据顾客需求将网店出售的商品通过合适的方式推送给顾客。这是客服工作的重点，也是客服工作能力的具体表现。（　　　）

3. 客户服务主要是为了快速及时地获得有问题的客户的信息及客户历史问题记录等，这样可以有针对性并且高效地为客户解决问题，提高客户满意度，提升企业形象。（　　　）

四、简答题

1. 简述与客户沟通的技巧。

2. 选择物流公司一般包括哪些流程？

项目 10

网店运营数据综合分析

◎ **【知识目标】**

1. 了解网店数据分析平台工具和第三方工具。

2. 熟悉网店运营数据分析的关键指标。

◎ **【技能目标】**

1. 能使用淘宝生意参谋分析网店宏观数据。

2. 能使用淘宝生意参谋监控商品效率。

3. 能使用淘宝生意参谋完成商品排行数据和商品 360 数据分析。

4. 能使用抖音电商罗盘分析经营概览数据。

5. 能使用抖音电商罗盘分析直播数据和商品数据。

◎ **【思政目标】**

1. 能意识到网店数据分析的重要性。

2. 能在数据分析中树立数据保护意识。

3. 能具备综合使用不同工具完成网店数据分析的效率意识。

☺ **【案例讨论】**

小李经营了服饰网店，希望售卖的羽绒服可以找到精准受众，并通过兴趣电商的优势，帮助其打破"季节生意"的影响。但小李刚刚入驻抖音电商平台，对交易构成、曝光量与粉丝增量都没有太多了解，无法借助兴趣优势激发消费者购买欲，导致生意无法摆脱冷启过程的交易尴尬期。小李网店在过去一个月的数据概览如表 10-1 所示。

表 10-1　小李网店的月数据概览

项目	数量
总访问量	10000 人
总销售额	50000 元
转化率	2%
平均订单价值	1000 元
新粉丝数	500 人

根据上述数据，可以进行以下初步分析：

访问量与销售额之间的转化率较低，说明许多访客没有在店铺内完成购买；

新粉丝增长缓慢，可能是由于曝光量不足或者内容吸引力不够。

💡 **思考**

网店运营者可以选择哪些数据分析工具来帮助他们进行更复杂的数据分析？

10.1 网店数据分析工具与关键指标

数据分析工具提供的数据洞察可以帮助管理者做出更明智的业务决策,数据分析关键指标能够帮助网店监控业务表现,及时发现问题并进行调整。

10.1.1 平台工具

1. 淘宝生意参谋

生意参谋是淘宝自带的数据分析工具,其页面如图 10-1 所示。

图 10-1 生意参谋页面

生意参谋提供的功能模块包括首页核心数据展示、实时直播数据分析、经营数据分析、市场行情数据分析、自助取数、专题工具、转化情况展示、帮助中心等,如图 10-2 所示。

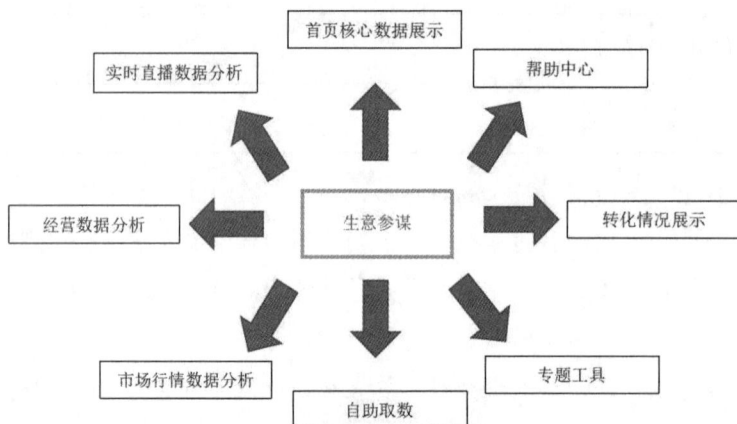

图 10-2 生意参谋提供的功能模块

1）首页核心数据展示

生意参谋全面展示店铺经营全链路的各项核心数据，包括店铺实时数据、商品实时排行、店铺行业排名、店铺经营概况等。

2）实时直播数据分析

生意参谋提供店铺实时流量和交易数据、实时地域分布、流量来源分布、实时热门商品排行榜、实时催付榜单、实时客户访问等，还有实时数据大屏模式。商家可洞悉实时数据，抢占生意先机。

3）经营数据分析

生意参谋中的流量分析展现全店流量概况、流量来源及去向，以及进行访客分析及装修分析；商品分析提供店铺所有商品的详细效果数据，包括五大功能模块，即商品概况、商品效果、异常商品、分类分析、采购进货；交易分析包括交易概况和交易构成两大功能模块，可从店铺整体到不同维度细分店铺交易情况，方便商家及时掌握店铺交易情况，同时提供资金回流行动点；营销推广包括营销工具、营销效果两大功能模块，可帮助商家精准营销，提升销量。

4）市场行情数据分析

生意参谋中的市场行情数据分析包括三大功能模块，即行业洞察、搜索词分析、人群画像。行业洞察具备行业直播分析、行业大盘分析、品牌分析、产品分析、商品店铺多维度排行分析等多个功能；搜索词分析可以查看行业热词榜，还能直接搜索某个关键词，获取其近期表现；人群画像直接监控三大人群，包括买家人群、卖家人群、搜索人群。此外，市场行情的大部分指标可自由选择时间段，包括 1 天、7 天、自然日、自然周、自然月或自定义时间；可选择的平台包括淘宝、天猫等，终端则包括 PC 端、无线端等。

5）自助取数

生意参谋中的自助取数是可供商家自由提取数据的工具，可提供不同时段（如自然天、自然周、自然月）、不同维度（如店铺或商品）的数据查询服务。

6）专题工具

生意参谋中的专题工具提供竞争情报、选词助手、行业排行、单品分析、商品温度计、销量预测等专项功能模块。竞争情报是一款提供给淘宝和天猫商家使用的用于分析竞争对手的工具，可精准定位竞争群体、分析竞争差距，并提供经营优化建议。选词助手从 PC 端和无线端出发，主要呈现店铺引流搜索词和行业相关搜索词的搜索情况等。

7）转化情况展示

生意参谋中的行业排行主要展示六大排行榜，分别是热销商品榜、流量商品榜、热销店铺榜单、流量店铺榜、热门搜索词、飙升搜索词，PC 端、无线端等可分开查看；单品分析主要从流量来源去向、销售分析、访客分析、促销分析四个角度出发，对单品进行分析，商家可从多角度了解商品表现，掌握商品实际情况；商品温度计提供商品转化效果的数据分析，同时可对影响商品转化的因素进行检测，检测指标包括页面性能、标题、价格、属性、促销导购、描述、评价等；销量预测可通过大数据分析，为商家推荐店内最具销售潜力的商品，并监控库存，同时，支持商家自定义监控规则，预估商品未来 7 天销量等，还可为商家提供商品定价参考。

8）帮助中心

生意参谋中的帮助中心主要包括功能介绍、视频课程、指标注释、来源注释、常见问题五大板块，内容丰富、形式多样，可帮助商家快速提升数据化运营能力。

2. 抖音电商罗盘

抖音电商罗盘为抖音电商官方权威多视角、全方位统一的数据平台，页面如图 10-3 所示。

图 10-3 抖音电商罗盘页面

抖音电商罗盘支持三类角色查看数据：商家、达人、机构。不同角色可查看的数据内容及主要操作入口不同，抖音电商罗盘支持登录后切换角色使用，具体功能包括数据权限管理功能、数据分析功能、实时数据展示功能、数据诊断功能，如图 10-4 所示。

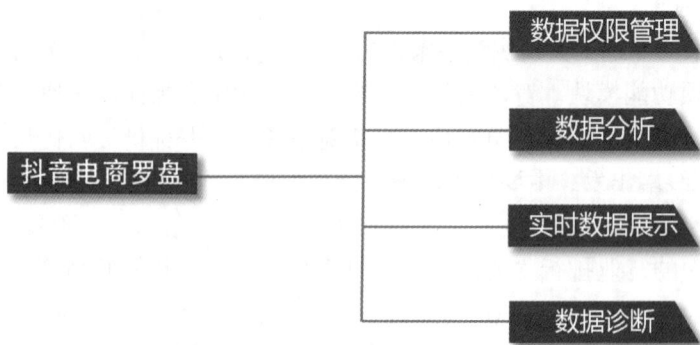

图 10-4 抖音电商罗盘具体功能

1）数据权限管理功能

商家账号登录成功后区分主、子账号，主账号可获得商家视角全部模块权限、人店一体对应达人账号的达人视角全部模块权限以及其他达人授权的达人视角模块权限，子账号根据主账号授予的权限查看数据，支持切换为达人视角。达人账号登录成功后即可获得达人视角全部模块权限，不支持切换视角。机构账号登录成功后即可获得机构视角全部模块权限，以及绑定的商家、达人视角所有数据，可选择切换为商家或达人视角。

2）数据分析功能

数据分析功能包含 10 个以上的模块，不同角色登录抖音电商罗盘可使用的数据分析功能不同。

3）实时数据展示功能

实时数据展示功能主要指在直播场景下为帮助商家盯盘提供的三大屏数据功能，包含直播大屏、商品大屏、广告大屏。

4）数据诊断功能

数据诊断功能暂时仅支持商家使用，包括经营诊断和服务诊断两大模块。

（1）经营诊断。

经营诊断旨在通过数据对产品进行诊断、归因及指导，以帮助商家形成稳定的日销、优化交易结果和形成稳定的用户资产，分为自播诊断、达人代播诊断和用户分析诊断三部分。

①自播诊断。自播诊断数据包含由官方账号达人带本店铺商品的直播流量规模数据和流量价值数据，其中流量规模数据包括有效直播时长、人均观看时长、平均在线人数、最高在线人数。流量价值数据包括商品点击率、商品点击成交转化率、看播成交转化率、成交件单价。

②达人代播诊断。达人代播诊断是对商家与头部、腰部达人合作的整体效果进行评估。

③用户分析诊断。用户分析诊断旨在通过人群资产拆解与行为数据建模，帮助商家建立可持续的用户运营机制。该功能包含用户数据总览、新老客户分层诊断、智能化诊断与策略推荐、人群画像洞察四大核心模块。

（2）服务诊断。

服务诊断旨在帮助商家拆解商家相关核心指标的异动问题商品及明细原因，并提供建议方案帮助商家提升整体服务能力。服务诊断明细原因拆解共计包含 9 个指标，每个指标会基于同行同层数据和商家历史排名数据被判定是否为待改进指标，并基于待改进指标总结出对该指标影响最大的前三个直播间。服务诊断明细原因拆解指标包括 48 小时发货率、品质退货率、差评率、投诉率、3 分钟回复率、物流到货时长、退款自主完结时长、退货退款自主完结时长和纠纷介入率。

10.1.2　第三方工具

1. 店侦探

1）简介

店侦探是一款专门为淘宝及天猫卖家提供方便有效的数据查询、数据分析的数据分析工具，页面如图 10-5 所示。

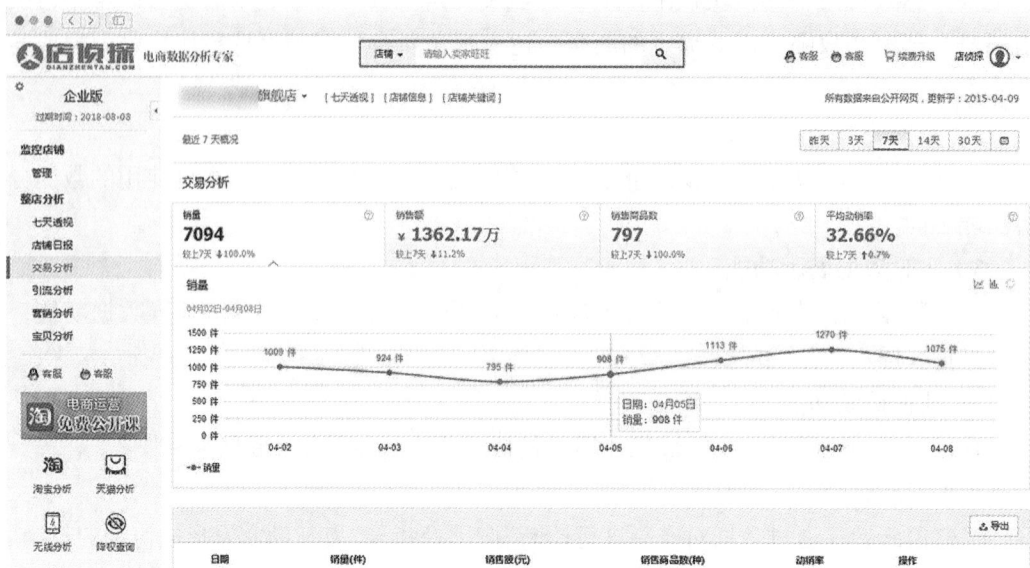

图 10-5 店侦探页面

店侦探通过对各个店铺、商品运用数据分析技术进行深度挖掘，掌控竞争对手店铺的销售数据、引流手段、广告投放、活动推广、买家购买行为等信息，帮助卖家深度了解行业数据，给卖家的营销策略提供可靠持续的数据支持。

2）功能

使用店铺管理功能管理监控店铺，在店铺管理页面，商家可以添加、删除监控对象，还可以查看监控对象昨日的数据概览，具体功能包括以下几种。

①标签管理：商家可以给每一个监控店铺贴上不同的标签，方便管理，如"朋友的店""同行""竞争对手"，也可以给同一个监控店铺贴上多个标签。

②查看与前天的数据对比：可查看监控店铺昨天的数据增长或者降低的百分比（红色表示上升，绿色表示下降），如果该指标出现大幅波动，则需高度关注此店铺最近的动向。

③查看昨日销量最高的 3 种商品：查看监控店铺昨日销量最高的 3 种商品，通常这 3 种商品对店铺的数据影响最大，建议高度关注。

④七天透视：查看监控店铺最近 7 天的数据概览，通过该功能，可快速了解此店铺最近 7 天的各项数据波动，也可继续深入分析此店铺其他详细指标。

⑤日报：可获取监控店铺昨日的整体报告，报告详细记录了此店铺昨日的总销售量、销售额、销售商品数、动销率、引流词等数据。

图 10-6 所示中，a 标签为店铺标签管理功能，可见标签有全部店铺、竞争对手等；b 标签为监控店铺的昨日销量、估算销售额、自然引流词、豆腐块词及各自与前天相比增长或降低的百分比数据；c 标签为监控店铺昨日销量最高的 3 种商品的头图；d 标

签为七天透视功能，单击"七天透视"按钮即可查看监控店铺最近 7 天的数据概览；e 标签为日报功能，单击"日报"按钮即可查看监控店铺昨日的整体报告。

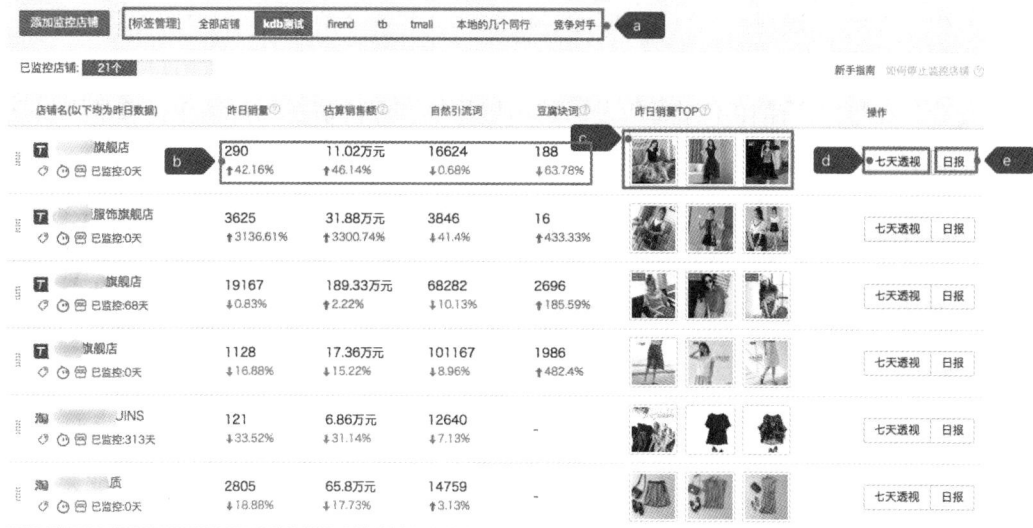

图 10-6　监控店铺管理功能

2. 店查查

1）简介

店查查是针对淘宝店铺设计的店铺数据分析工具，它无须安装，在店查查官网即可轻松查看运营数据。商家可以轻松获得商品的上下架时间、PC 端在线人数、商品的历史价格等众多数据。店查查页面如图 10-7 所示。

图 10-7　店查查页面

2）功能

店查查是一款用于淘宝店铺数据查询和分析的工具。它可以帮助用户查询店铺数据、分析产品表现、监控品牌情况以及分析行业趋势。借助店查查，商家可以更好地了解市场情况、竞争对手表现，并做出相应的优化和调整。

店查查的具体功能包括以下几个方面。

（1）查询店铺数据。

店查查可以帮助用户查询淘宝平台上其他店铺的基本信息，如销售额、关注人数、评价等。用户可以通过这些数据了解竞争对手的整体情况，并进行对比分析。

（2）分析产品表现。

店查查提供了对特定产品在淘宝平台上的表现进行分析的功能。用户可以通过该工具查看某种特定产品在不同时间段内的销售趋势、评价情况、价格变化等信息，从而更好地了解市场需求和竞争态势。

（3）监控品牌情况。

店查查还支持品牌监控功能，帮助用户跟踪自己品牌或其他品牌在淘宝平台上的表现。通过监控关键指标，如销售额、关注人数等，用户可以了解品牌在市场中的影响力，并根据需要进行调整和改进。

（4）分析行业趋势。

店查查提供了电商行业市场趋势的分析报告。用户可以通过这些报告了解某个特定市场的发展状况、竞争态势以及潜在机会，从而做出相应的决策和战略规划。

在店查查中查询某淘宝店铺一周的店铺数据，包括估算销售额、销售量、商品数及与上周相比增加或减少的百分比等，将这些数据绘制成图表，可以明确看出 7 天的销量、销售额变化情况，如图 10-8 所示。

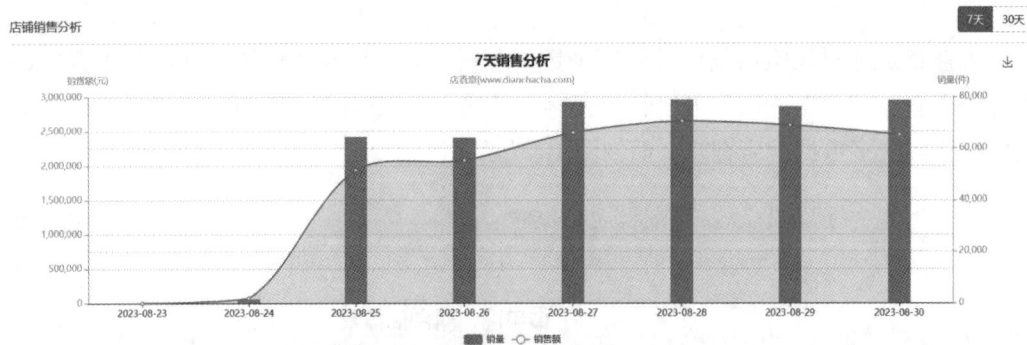

图 10-8　某店铺销量、销售额变化情况

3. 飞瓜数据

1）简介

飞瓜数据是一款用于短视频及直播数据查询、运营及广告投放效果监控的专业工具，提供短视频达人查询等数据服务，并提供多维度的抖音、快手达人排名榜单，电商数据分析、直播推广等实用功能。飞瓜数据页面如图 10-9 所示。

2）功能

（1）直播分析。

飞瓜数据根据实时直播热榜、带货主播榜等细分子菜单，帮助用户发现热门直播间及热销商品，如表 10-2 所示。

图 10-9　飞瓜数据页面

表 10-2　直播分析功能

子菜单	功能
实时直播热榜	发现正在直播带货的直播间
带货主播榜	发现高销量、高销售额的带货直播间
视频引流直播间	定位通过视频引流的带货直播间，发现优质直播间引流视频
直播搜索	可按主播行业、热销商品等多维度搜索直播间及直播号
直播数据大盘	判断直播间的卖货风向
直播热度榜	发现实时热门直播间

图 10-10 所示为直播搜索子菜单以总销售额排序的搜索结果页面，左侧有直播名称、头图、带货主播、粉丝数、开播时间及商品标签，右侧有总销量、总销售额、人数峰值、平均在线人数、观看人次、客单价、人均价值。

图 10-10　以总销售额排序的搜索结果

（2）电商选品。

飞瓜数据帮助用户选热门商品 / 视频、找达人带货，以及发现热门小店，分为以下功能项，如表 10-3 所示。

表 10-3　电商选品功能

功能项	功能
抖音商品榜	发现昨天抖音高销量的商品
商品搜索	可根据商品名称、链接、推广数据等多维度搜索热销商品及品牌
实时热卖商品	发现上正在起量的热卖品类
商品数据大盘	判断近期卖货风向
热门带货视频	发现 2 小时内新发布的商品推广视频
团购门店榜	发现近期热门门店
团购主播榜	发现优质的团购商品推广主播
团购达人榜	筛选各地优质的团购带货达人
小店达人榜	快速定位高转化的优质带货达人

图 10-11 所示为某商品品类的数据大盘折线图，可见该商品品类销售额、销量总体呈下降趋势，直播销量、视频销量整体下降，其他销量在 2022 年 1 月 3 日至 2022 年 1 月 6 日有所增高，之后上下浮动不大。

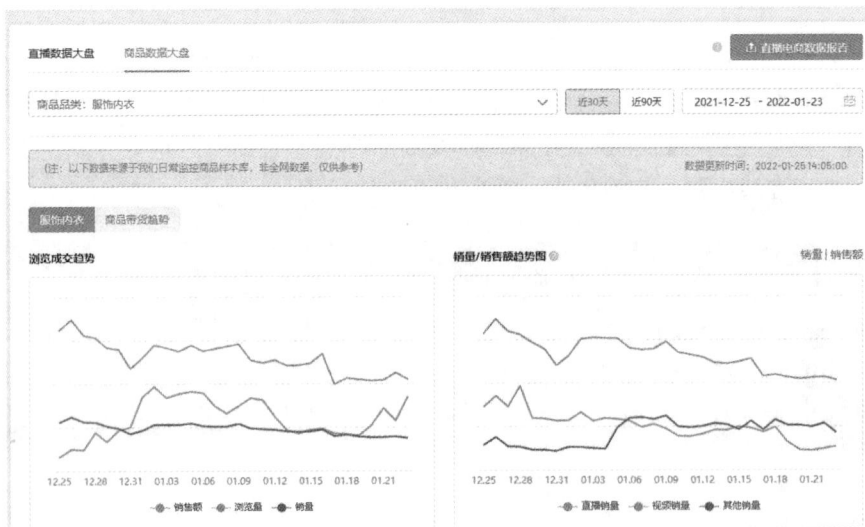

图 10-11　某商品品类的数据大盘折线图

4. 蝉妈妈

1）简介

蝉妈妈是国内知名的抖音、小红书数据分析服务平台，致力于帮助国内众多的达人、机构、品牌方和商家通过大数据精准营销，实现"品效合一"，其页面如图 10-12 所示。

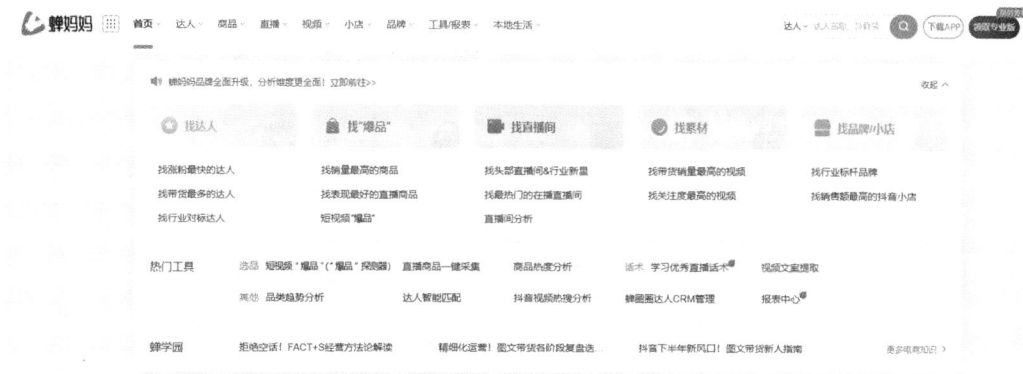

图 10-12　蝉妈妈页面

2）功能

（1）达人直播分析。

以某达人为例，从图 10-13 所示的直播分析页面中可以发现，该达人基本稳定在一天一场的开播频率，直播观看人数的波动较大。

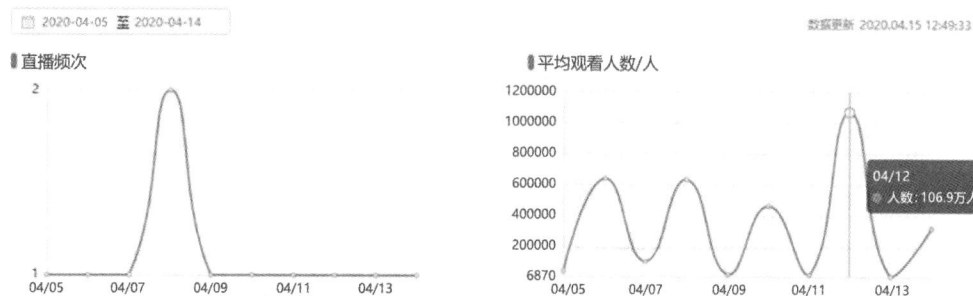

图 10-13　某达人直播数据

如图 10-14 所示，2020 年 4 月 14 日该达人的直播观众中，送礼人数达到 1.1 万人，相比于 2020 年 4 月 12 日的送礼人数有明显提升，说明 2020 年 4 月 14 日有不少直播观众已经被转化为认可达人的粉丝。

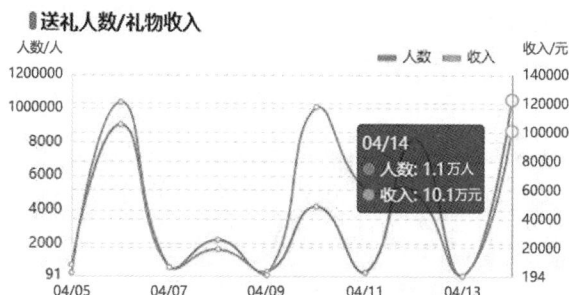

图 10-14　送礼人数和礼物收入数据

如图 10-15 所示，2020 年 4 月 12 日的直播销售额为 531.5 万元，2020 年 4 月 14 日的直播销售额为 460.5 万元，结合直播观看人数情况，可以得出 2020 年 4 月 14 日该达人直播间的 UV 价值远高于 2020 年 4 月 12 日。可见对于达人来说，如何在获得推荐流量时沉淀精准用户至关重要。

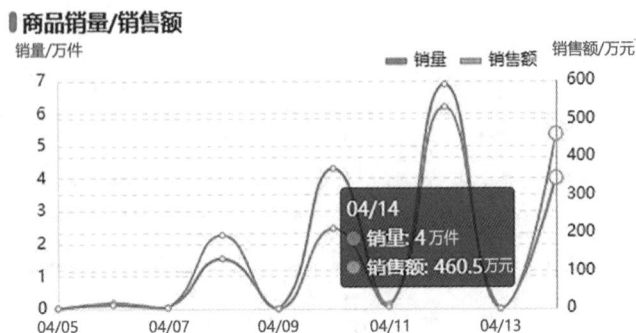

图 10-15 商品销量和销售额数据

（2）直播商品分析。

以某品牌精华水为例，该商品在淘宝 2020 年 4 月的月销量为 3891 件；在抖音 2020 年 4 月的月销量为 3663 件，并且都是在 2020 年 4 月 14 日这一天在抖音直播间成交的，如图 10-16 所示，2020 年 4 月也并无其他达人和短视频推荐过此款商品，可见这款精华水首次通过抖音直播渠道进行推广就取得了良好效果。

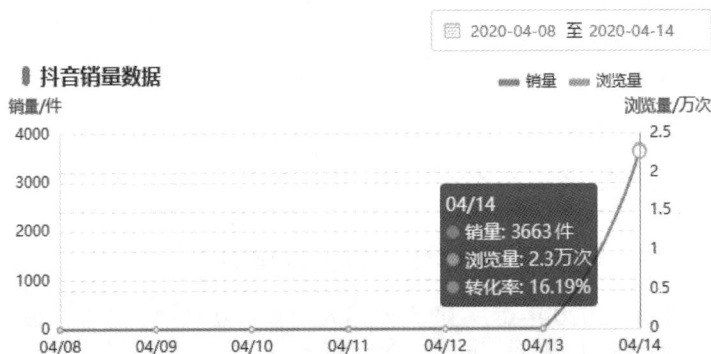

图 10-16 某品牌精华水抖音销量数据

10.1.3 关键数据指标

1. 付款金额

付款金额即顾客当天成功下单且付款的金额，含因后期可能退款的金额，不包含有特定要求的活动的金额，如预售款，预售款作为下单当天金额，而尾款部分则算在支付尾款的当天，若是货到付款，则算在到货日当天。

2. 付款转化率

付款转化率 = 付款客户数 / 访客数，也就是进店访客转化为支付客户的比例。

3. 客单价

客单价 = 付款总额 / 付款客户数量，也就是说，客单价是付款客户的平均付款金额。

4. 已付款的买家数

已付款的买家数，即在统计时间内，成功下单并支付的买家数量。

5. 付费老买家数

付费老买家数，即以统计当日前 365 天内有过付款行为的买家数，也就是说，在此期间至少有一次购买行为的用户，才能算作付费老买家。

6. 老买家付款金额

老买家付款金额，即以统计当日前 365 天内买家已付款金额的总和。

7. 已付款项数

已付款项数，即买家成功购买的商品数量。

8. 已付订单数

已付订单数，即在特定时间内，用户成功支付的订单数量，每个订单对应一个订单号。

9. 流量数

流量数，即统计周期内访问店铺页面或商品详情页的用户数。同一用户在统计时间范围内的多次访问，只能计入 1 次。

10. 人均浏览量

人均浏览量 = 浏览量 / 访客数，多日人均浏览量是指在一定的时间段内，每天的人均浏览量的平均值。

10.2　生意参谋数据分析

生意参谋通过提供多维度的数据分析，使淘宝店铺能够更精准地把握市场脉搏，优化运营策略，提升销售业绩。

10.2.1　宏观监控数据分析

1. 实时概况分析

商家通过实时概况分析可以看到 PC 端、无线端的访客数、浏览量、支付金额、支付子订单数、支付买家数等详细的数据，也可以将自己的店铺与其他店铺做比较；通过实时概况分析可以掌握店铺的实时数据，同时第一时间发现自己店铺的问题，然后解决问题。图 10-17 所示为某店铺的实时概况，可以看到当日支付金额为 2351 元，访客数为 488 人，支付买家数为 13 人等信息。

图 10-17　某店铺的实时概况

2. 实时趋势分析

支付金额、访客数、支付转化率、客单价、成功退款金额等数据可以转化为可视的折线图，从而清楚地看到自己店铺和同行店铺的发展趋势。图 10-18 所示为某店铺及同行店铺从 2024 年 2 月 12 日到 2024 年 3 月 12 日的支付金额变化曲线图，从中可以看到该店铺支付金额在 2024 年 3 月之后有了明显的提升，并高于同行同层的平均水平。

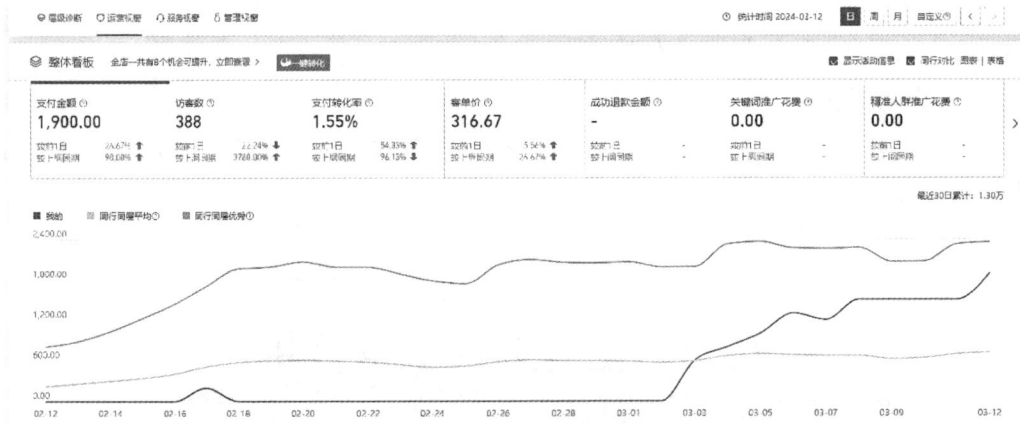

图 10-18　实时趋势分析

10.2.2　商品排行数据分析

1. 商品效率监控

1）商品动销分析

商家通过商品动销分析可以实时监控商品支付金额、支付件数、支付买家数及其较昨日同时段的变化。图 10-19 所示为某商品某时段的实时数据，可以看到支付金额较昨日同时段增加了 143.12%，支付件数较昨日同时段增加了 31.71%，支付买家数较昨日同时段增加了 9.09%。

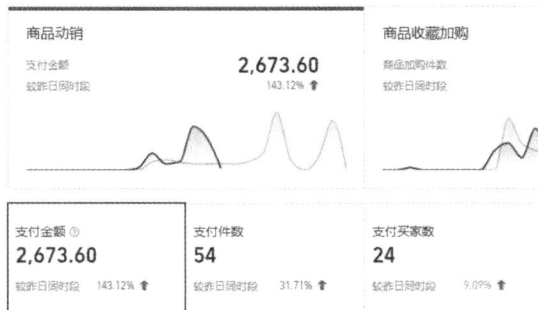

图 10-19　商品动销数据

2）商品收藏加购分析

商家通过商品收藏加购分析可以实时监控商品加购件数、商品加购人数、商品收藏人数、访问加购转化率及其较昨日同时段的变化，如图 10-20 所示。

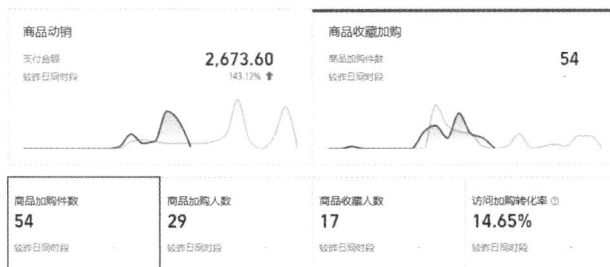

图 10-20　商品收藏加购数据

2. 商品排行榜

商家通过实时榜单可以看到按照商品访客数、商品加购件数、支付金额等排序的商品信息，如图 10-21 所示。

图 10-21　商品排行榜

10.2.3 商品360数据分析

商品360数据主要是针对单品做的综合数据评分，根据流量获取、流量转化、内容营销、客户拉新、服务质量等设计商品的评分模型，85分及以上为A级，70～85分为B级，50～70分为C级，50分以下为D级，具体如表10-4所示。

表10-4 商品360数据分析评分指标

分数区间	等级	商品情况
≥85分	A	核心重点商品，需要投入核心资源进行多维精细化运营
70～85分	B	潜在的重点商品，需要投入推广资源进行多渠道支持，快速成长为A级
50～70分	C	基本平销商品，能补充商品丰富度和带来利润，主要经营稳定
<50分	D	尾部滞销商品，需要决定是否继续销售，如果没有必要，可以尽快清理，收回资金

对于单品，主要从8个维度来分析，包括单品诊断、销售分析、流量来源、标题优化、内容分析、客群洞察、关联搭配、服务分析。

详细地诊断和分析单品的各个方面，可以得出单品在哪一环节出现了问题，通过数据发现问题，根据建议调整单品相关数据指标，并且实时监控单品数据。

例如，某款商品的分数为75分，根据分数区间以及对应的等级划分为B级，该商品为潜在的重点商品，其发展策略为投入推广资源进行多渠道支持，使其快速成长为A级。

10.3 抖音电商罗盘分析

抖音电商罗盘是抖音电商官方权威多视角、全方位统一的数据平台，支持三类角色查看数据，包括商家、达人、机构。不同角色可查看的数据内容及主要操作入口不同，支持登录后切换角色。

抖音电商罗盘（商家版）主要包括数据分析功能和数据诊断功能等。数据分析功能又包含十余个模块，数据诊断功能包括经营诊断和服务诊断两大模块。

10.3.1 经营概览数据分析

经营概览数据主要指抖音电商罗盘在直播场景下为帮助商家盯盘提供的经营数据，

包括数据主屏和广告大屏数据等。以抖音电商数据主屏为例，该页面包括直播核心数据、成交数据趋势、流量或订单来源、用户画像、商品列表、实时直播画面或评论等核心模块，如图 10-22 所示，助力商家实时掌握直播间数据，从而有效调整直播流量投放、互动及商品讲解策略。

图 10-22　抖音电商数据主屏

10.3.2　直播数据分析

1. 直播数据概览

直播数据包括直播间成交金额、成交人数、成交件数等，如图 10-23 所示，这些数据能够帮助商家快速了解店铺直播活动整体情况。

图 10-23　抖音电商直播数据概览

2. 实时趋势

实时趋势板块支持按分钟级和小时级分别查看直播间的人气指标、互动指标、商品指标和订单指标，如图 10-24 所示，直播结束后支持下载分钟级和小时级数据。商家可查看一天数据变化趋势，定位峰值数据的运营动作进行直播复盘，保留有效的运营方法，积累提高成交量的经验。

直播间数据分析

实时趋势　　流量转化　　商品列表　　用户画像　　广告转化

人气指标	☐ 进入直播间人数	☐ 离开直播间人数	☑ 实时在线人数	
互动指标 ⑦	☐ 新增粉丝数	☐ 新加团人数	☐ 评论次数	☐ 点赞次数
商品指标 ⑦	☐ 商品曝光人数	☐ 商品点击人数		
订单指标 ⑦	☐ 成交订单数	☑ 成交人数	☐ 成交金额	

● 注意：指标最少选择1个，最多选择4个

分钟级　小时级

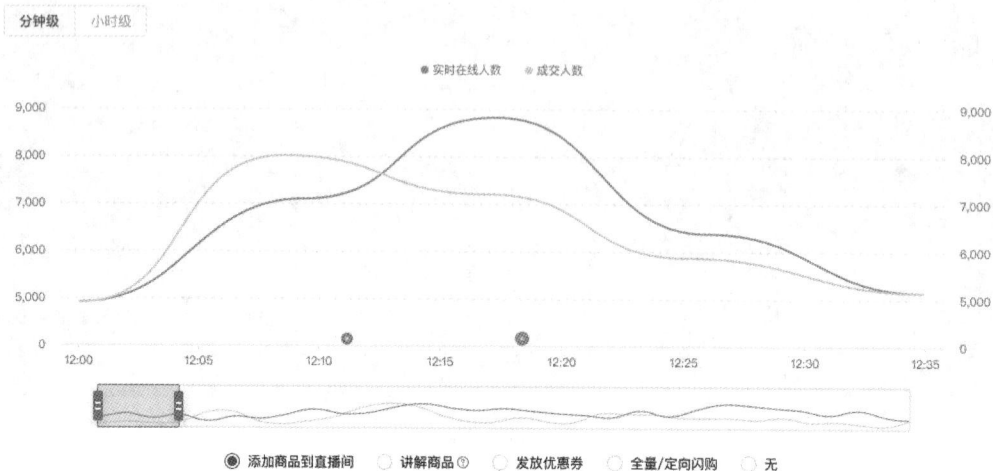

图 10-24　抖音电商直播间实时趋势

10.3.3　商品卡数据分析

商品卡指的是货架场景里推广商品的卡片，是有别于短视频、直播带货的载体，常出现在抖音商城、橱窗、搜索、商品榜单、店铺主页等。用户通过点击商品卡可以直接跳转到商品购买界面，是抖音平台商品销售的主要渠道之一。使用抖音电商罗盘可以分析商品卡数据，有利于店铺的发展。商品卡数据分析包括成交渠道分析、推荐流量分析等。

1）成交渠道分析

成交渠道分析数据包括店铺页成交金额、搜索成交金额、商城/商品推荐成交金额、其他成交金额等。图 10-25 所示为某店铺近 30 天的成交渠道分析，店铺页成交金额为60989.15 元，占成交总金额的比例为 17.83%；搜索成交金额为 4259 元，占比 1.25%；商城/商品推荐成交金额为 19515.85 元，占比 5.71%；其他成交金额为 257299 元，占比 75.22%。

将数据制作成可视化图表，如图 10-26 所示，可以看出，其他成交金额占比最大，搜索成交金额占比最少，店铺需要加强对搜索结果推荐的资金投入，加强店铺的宣传推广；通过其他成交方式打造热卖商品，引入大量流量。

数据日期: 2022/07/05 - 2022/08/03　近1天　近7天　近30天　自然日　自然周　自然月

成交金额 ⓘ	总曝光量 ⓘ	成交人数 ⓘ	成交订单量 ⓘ
¥34.21万	128.1万	1129	1514

成交渠道分析

店铺页成交金额 ⓘ	搜索成交金额 ⓘ	商城/商品推荐成交金额 ⓘ	其他成交金额 ⓘ
¥60,989.15	¥4,259	¥19,515.85	¥257,299
成交占比 17.83%	成交占比 1.25%	成交占比 5.71%	成交占比 76.22%

图 10-25　成交渠道分析

成交金额

■ 店铺页成交金额　■ 搜索成交金额　■ 商城/商品推荐成交金额　■ 其他成交金额

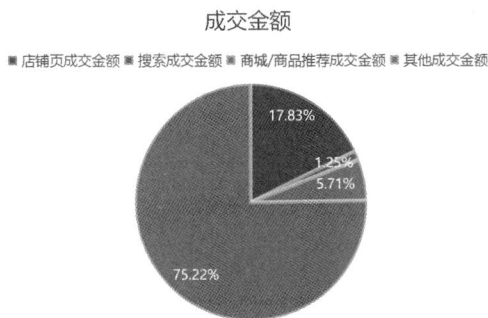

图 10-26　各成交渠道金额占比

2）推荐流量分析

推荐流量渠道包括抖音商城、活动页、商品榜单、猜你喜欢等。抖音电商罗盘可以展示店铺在不同渠道的商品曝光次数、商品点击次数、成交订单量以及点击率、转化率、每千次曝光成交金额，图 10-27 和图 10-28 所示为某店铺的商城 / 商品推荐流量成交趋势和成交量排前 10 名的商品列表。从图 10-27 中可以看到该店铺商品全部渠道点击率为 3.14%，转化率为 0.41%，每千次曝光成交金额为 53.26 元。该店铺商品转化率较低，需要查看选品质量是否正常、品牌信誉情况等，解决相关问题，做好商品宣传，同时可以根据成交商品列表发布热销商品，提高店铺商品转化率。

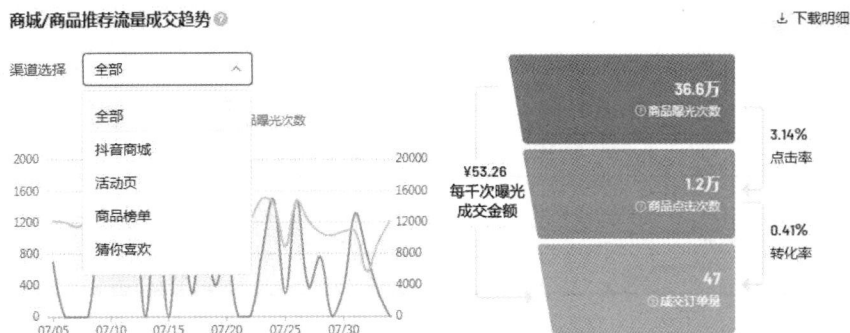

图 10-27　某店铺商城 / 商品推荐流量成交趋势

图 10-28　成交量排前 10 名的商品列表

📖【课外拓展】

抖音电商罗盘的意义

对于商家而言，抖音电商罗盘支持获取多模块数据的指标明细，并具有自播诊断、达人代播诊断、用户资产分析和服务诊断等智能分析功能，指导商家经营；具有直播实时商品讲解推荐、智能选品组货及复盘诊断等功能，多维度助力商家直播全流程，促进商家实现稳定经营、提升销售业绩。

对于达人而言，抖音电商罗盘支持达人查看成交额及佣金等核心带货数据、直播或短视频数据、不同交易来源成交金额、合作商品曝光转化明细及合作商家服务评价等关键数据，帮助达人优化选品策略，提升内容生产及带货能力。

对于机构而言，抖音电商罗盘支持机构查看所有绑定达人或商家的核心数据、每位达人及商家的内容生产及成交数据，帮助机构更有针对性地给达人或商家提供支持、管理及培养达人，提升规模化创收能力。

⊩【实训演练】

实训背景

小王是一位电商新人，经过市场调研与分析，他决定在抖音平台上开店，经营自产的服装。他已经完成了店铺入驻、选品、商品发布、店铺装修、商品推广等工作。随着商品数据的增加，他不知道如何根据商品数据进一步提升店铺销售量。表 10-5 所示是小王店铺在过去一个月内的数据概览。

表 10-5　小王店铺月数据概览

项目	数量
总访问量	15000 人
总销售额	75000 元
转化率	3%
平均订单价值	500 元
新粉丝数	800 人

根据上述数据，可以进行初步分析：

①转化率尚可，但仍有提升空间，需要进一步优化商品和营销策略；

②平均订单价值较低，可以尝试提高客单价，提升销售额；

③新粉丝增长速度一般，需要加大曝光力度和提高内容吸引力。

实训要求

①选择合适的店铺数据分析工具。

②在抖音电商罗盘中找到相关数据指标，并根据实时数据进行分析。

✎【复习思考】

一、单选题

1. 商品 360 数据分析中的分档，（　　　）是错误的。

A. 85 分及以上为 A 级

B. 70～85 分为 B 级

C. 50～70 分为 C 级

D. 40～70 分为 C 级

2. 客群洞察维度不包括（　　　）数据。

A. 搜索人群　　　　　B. 访问人群　　　　　C. 收藏人群　　　　　D. 支付人群

3. 抖音电商罗盘推荐流量渠道不包括（　　　）。

A. 抖音商城　　　　　B. 活动页　　　　　C. 商品榜单　　　　　D. 抖音视频

二、多选题

1. （　　　）是生意参谋的功能。

A. 首页核心数据展示

B. 实时直播数据分析

C. 市场行情数据分析

D. 自助获取数据

E. 跨境店铺数据分析

2. （　　　）属于品类 360 数据分析的功能。

A. 销售分析

B. 流量来源分析

C. 标题优化

D. 客群洞察

E. 页面转化

3. 实时趋势板块可将（　　　）转化为可视的折线图。

A. 支付金额

B. 访客数

C. 支付转化率

D. 客单价

E. 总销量

三、判断题

1. 生意参谋是淘宝自带的数据分析工具，其功能模块包括首页核心数据展示、实时直播数据分析、经营数据分析、市场行情数据分析、自助取数、专题工具、转化情况展示、帮助中心等。（　　　）

2. 商家通过商品动销不能实时监控商品支付金额、支付件数、支付买家数及其较昨日同时段的变化。（　　　）

3. 内容分析维度，主要反映内容营销渠道的效果，如直播、微淘、短视频等营销的效果，商家可以根据各个内容营销渠道的数据，判断它们的表现如何，并相应改变营销策略和投入。（　　　）

四、简答题

1. 简述生意参谋品类 360 数据分析功能。

2. 在店铺数据分析中，关键数据指标有哪些？

参考文献

[1] 阿里巴巴商学院.电商运营[M].2版.北京:电子工业出版社,2019.

[2] 阿里研究院,淘宝村发展联盟,阿里新乡村研究中心.1%的改变——2020中国淘宝村研究报告[R].第八届中国淘宝村高峰论坛,沧州:2020.

[3] 电子商务交易技术国家工程实验室,等.中国电子商务发展指数报告(2018)[R].2019中国国际大数据产业博览会,贵阳:2019.

[4] 河南打造前程科技有限公司.抖音电商直播运营[M].北京:清华大学出版社,2024.

[5] 胡泽萍,高紫荆.网店运营与推广[M].北京:清华大学出版社,2018.

[6] 李军.网店运营管理与营销推广[M].2版.北京:清华大学出版社,2021.

[7] 沈凤池.商务数据分析与应用[M].2版.北京:人民邮电出版社,2023.

[8] 王利锋,温丙帅,薛瑾.网店运营实务:慕课版[M].北京:人民邮电出版社,2021.

[9] 文继权,孟祥瑞.电子商务网店运营[M].北京:清华大学出版社,2023.

[10] 云蔓.小红书运营实战一本通:账号运营+内容策划+推广引流[M].北京:清华大学出版社,2022.